培育和践行社会主义核心价值观

与青少年谈十个为什么

夏阳◎主编

为什么

要爱国奉献

新疆美术摄影出版社
新疆电子音像出版社

图书在版编目(CIP)数据

为什么要爱国奉献 / 夏阳主编. -- 乌鲁木齐：新疆美术摄影出版社：新疆电子音像出版社，2014.12

（培育和践行社会主义核心价值观：与青少年谈十个为什么）

ISBN 978-7-5469-3698-7

Ⅰ.①为… Ⅱ.①夏… Ⅲ.①品德教育 – 中国 – 青少年读物 Ⅳ.①D432.62

中国版本图书馆 CIP 数据核字(2014)第 284000 号

选题策划：于文胜		责任复审：王　琴	
责任编辑：徐　静		责任决审：于文胜	
责任校对：徐　静		责任印制：刘伟煜	
封面设计：党　红			

丛 书 名　培育和践行社会主义核心价值观：与青少年谈十个为什么
书　　名　为什么要爱国奉献
主　　编　夏　阳
出　　版　新疆美术摄影出版社　新疆电子音像出版社(www.xjdzyx.com)
地　　址　乌鲁木齐市经济技术开发区科技园路 5 号(邮编 830026)
发　　行　全国新华书店
网　　购　当当网、京东商城、亚马逊、淘宝网、天猫、读读网、淘宝网·新疆旅游书店
制　　版　新疆读读精品网络出版有限公司数字印务中心
印　　刷　三河市艺海万诚印务有限公司
开　　本　787 mm×1 092 mm　　1 / 16
印　　张　10
字　　数　86 千字
版　　次　2015 年 6 月第 1 版
印　　次　2015 年 6 月第 1 次印刷
书　　号　ISBN 978-7-5469-3698-7
定　　价　29.80 元

网络出版　读读精品出版网(www.dudu-book365.com)
网络书店　淘宝网·新疆旅游书店(http://shop67841187.taobao.com)

目 录

第一章　天下兴亡，匹夫有责

天下兴亡，匹夫有责

天下兴亡，匹夫有责。

——（中）吴趼人

[题解] "天下兴亡，匹夫有责"最早是由顾炎武在《日知录·正始》中提出概念的，背景是清军入关。而八字成文的语型则出自梁启超。意为天下大事的兴盛、灭亡，每一个老百姓都有义不容辞的责任。

报国之心，死而后已。

——（中）苏轼

[题解] 报效祖国的志向到死都不会变。报效祖国的决心终身不变直至生命结束。

风声、雨声、读书声，声声入耳；家事、国事、天下事，事事关心。

——（中）顾宪成

[题解] 此联为明东林党领袖顾宪成所撰。顾在无锡创办东林书院，讲学之余，往往评议朝政。后来人们用以提倡"读书不忘救国"，至今仍有积极意义。读书人不仅要读好书，还要关心国家，关心政治，关心天下之事，多用心体会世间百态，而不要读死书。

以公灭私，民其允怀。

——（中）孔丘

[题解] 周成王平定殷商叛乱后，颁布了诰令《周官》，"以公灭私，民其允怀"就是其中的一句，旨在号召百官以公平之心除去

私欲，赢得民众的信任。要做到这一点是很不容易的，所以这句话的后面又说，"议事以制，政乃不迷"，也就是说，如果按照典章制度行事，政治就不会迷乱。这一开明的为政思想，具有"民本"和"遵制"的双重内涵，出于公元前 11 世纪的西周初年，不能不令人赞叹。

有一分热，发一分光。

——（中）鲁迅

［题解］有多大能力，就贡献多大力量。

落红不是无情物，化作春泥更护花。

——（中）龚自珍

［题解］枝头上掉下来的落花，但它却不是无情之物，化成了泥土，培育着明年的花。

这个落花比喻龚自珍自己，诗人虽辞官回家，但仍心系国家人民，即使是辞官离京，也要像落红一样，化作春泥护花（报效国家，报效人民）。

小人则以身殉利，士则以身殉名，大夫则以身殉家，圣人则以身殉天下。

——（中）庄周

［题解］普通人为物质利益牺牲身体，知识分子为浮名虚誉牺牲身体，卿大夫为封邑而牺牲，圣人为天下而牺牲……可见当时人性的异化是多么严重！正是"天下熙熙，皆为利来；天下攘攘，皆为利往"。通观老庄，都赞美自然真性，极力反对物质文明、仁义礼法对人性的戕害，批判人性异化，人创造的东西反过来约束和奴役人，而且为名为利为权而不惜纷纷牺牲性命。当今社会，是科学技术独霸天下、工具理性猖獗横行的时代，人性的异化比任何时代都严重，人们渐渐物化了，都成了机器和金钱的奴隶了，因此道家哲学对于纠偏矫枉，以身殉天下尤为重要，具有重大的爱国主义教育意义。

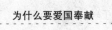

国难当头，精忠报国

　　岳飞出身于农民家庭。少年时，他爱读《春秋左传》和《孙子兵法》，曾经拜名师学习弓箭和枪法，由于虚心求教，勤学苦练，练得了一身好武艺，不满20岁，便能拉开300斤的硬弓了。

　　当时，正值国家多灾多难。金兵灭了辽国，一直打到宋朝的京城汴梁，到处烧杀抢掠，连皇帝、太上皇及大臣等3000多人也被俘虏了。

　　国难当头，为了保家卫国，岳飞毅然应募，参加了抗金的队伍。临行前，岳飞的母亲在他背上用钢针刺了"精忠报国"4个大字，对他说："不要挂念家里，希望你永远为国效忠，誓杀金贼！"母亲的嘱咐，岳飞牢记心中。

　　从军后，岳飞英勇善战，立了许多战功。南宋政权建立后，岳飞以下级军官身份，上书反对宋高宗南迁，要求北伐。不料触怒了主和派，他们以"越职言事"的罪名，革掉了他的军职。"欲将心事付瑶筝。知音少，弦断有谁听？"岳飞一腔爱国热情，换来的只是无情的打击！但是，他毫不气馁，他所记挂的不是个人的进退荣辱，而是国家的命运和民族的存亡。他相继投奔在张所、宗泽手下，带领队伍转战黄河南北，深入太行山下，屡建战功。

　　由于软弱无能的南宋朝廷坚持妥协投降的政策，金兵乘机南进，跨过黄河，打到了江南。时局的混乱，使岳飞的军队和朝廷失去联系，成为孤军。岳飞不畏艰险，主动出击，在广德六战六胜，打得金兵闻风丧胆。在常州四战四捷，相继收复了建康（今南京）和襄阳六郡，使"岳家军"声威大震。赵构特赐岳飞一面军旗，上面绣着4个赫赫大字"精忠岳飞"。

　　"靖康耻，犹未雪；臣子恨，何时灭！"岳飞念念不忘抗金收复失地的大业。1140 年，岳飞率军挥师北上，岳家军以锐不可当之势，连克数城，"精忠岳飞"的战旗所向披靡。7 月，岳飞亲自率领一支轻骑进驻郾城。金将兀术则纠集了 15000 名精兵进逼郾城，并拿出了他的王牌军——铁浮图（三骑一组人和马都披上厚重的铠甲，看起来像铁塔）、拐子马，企图消灭"岳家军"。

观察了形势后，岳飞先命令儿子岳云带领一支骑兵闯入敌阵，冲乱了敌人的阵脚，然后派步兵和骑兵一齐出击。步兵手拿麻扎刀，低着头，专砍敌军的马腿。骑兵专门对付马上的金兵。他们先用长枪挑去金兵的头盔，再用大斧砍掉金兵的脑袋。马上马下紧密配合，打得金兵落花流水。这就是史上有名的郾城大捷。之后，岳飞乘胜追击，在朱仙镇，把金兀术的十万大军打得狼狈逃窜。金兀术感叹地说："撼山易，撼岳家军难！"

随着捷报频频传来，使人民欢欣鼓舞，岳飞也非常兴奋，"从头收拾旧山河，朝天阙"的夙愿，就可以实现了，他充满信心地对部将说："直捣黄龙府（今吉林农安），与诸君痛饮尔！"可是，正在这时，朝廷在一天内连下 12 道金牌，要岳飞"立即退兵"。

原来，高宗和秦桧害怕岳飞继续前进，阻碍他们的投降计划，也害怕胜利后更加强大的"岳家军"会威胁他们的统治，因此，就在岳飞取得胜利的时候，他们先通知其他各路宋军停止前进，又以"孤军不可久留"为借口，下令岳飞退兵。望着抗金义士用生命和鲜血换来的中原沃土，岳飞泪流满面，他愤愤地说："十年之功，废于一旦！所得诸郡，一朝全休！"

投降卖国的秦桧，竟诬陷岳飞造反，把他和他的儿子岳云，部下张宪逮捕入狱。1142 年，宋高宗和秦桧以"莫须有"的谋反罪名杀害了岳飞。岳飞遇害时，年仅 39 岁。

岳飞虽然被奸臣害死，但是，他的爱国精神并没有死，岳飞的名字已深深刻在世代中国人的心中，而秦桧等人，却被铸成铁像反剪双手，长跪于英雄的墓前，千秋万世受到人们的唾骂。这正表达了中华民族鲜明的忠奸是非观念和爱憎之情。正如精忠园园门两侧的对联所写的："青山有幸埋忠骨，白铁无辜铸佞臣。"

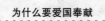 

出将入相，奋勇抗金

　　虞允文，字彬甫，隆州仁寿人，生于北宋末年。他慷慨磊落有大志，以抗金收复中原为己任。他青少年时期，社会动荡不安，民族矛盾和阶级矛盾日益尖锐，金国大举入侵导致北宋灭亡，沦陷地区人民生活在水深火热之中。宋高宗南逃临安建立偏安的南宋小朝廷，宋金对峙局面形成。宋高宗对金屈辱妥协，向金贵族纳贡称臣，人民群众的经济负担越来越重，民怨沸腾。岳飞被害，抗金处于低潮。完颜亮称帝后，野心勃勃，妄想"立马吴山第一峰"，攻占临安，灭亡南宋。

　　1160 年，虞允文在向宋高宗的上疏中分析敌情，希望朝廷早做准备，防止金兵入侵。同年 10 月，他奉命出使金国，金人欺他是个文弱书生，与他比试箭法，虞允文镇定自若，张弓射箭，一发破的，使骄横跋扈的金国官员惊心动魄，不敢怠慢。回国后，他把金国的备战状况一一奏明，再次给宋高宗敲警钟，防止金兵突然入侵。

　　第二年秋，完颜亮征调 60 万士兵，兵分四路，水陆并进。完颜亮亲率主力军 30 万人，叫嚣"多则百日，少则一月"灭掉南宋。宋人军心涣散，士气不振，宋高宗吓破了胆，想"散遣百官，浮海避敌"。11 月初，虞允文奉命往芜湖催促武将李显忠速至采石接管逃将王权军队，并代表朝廷慰劳采石守军。虽一介书生，虞允文却有满腔的报国热忱，他没有坐等李显忠到来，自告奋勇挑起抗金重担。他深知要想赢得抗金的胜利必须安定军心，鼓舞士气，他立即召集诸将，晓以民族大义，为保卫祖国献身，只要立下战功，国家不吝封赏。并庄严申明"今日之事，有进无退，不敌则死之，等死耳，退而死，不若进而死。死，吾节也。"在虞允文爱国热情的鼓舞下，全体军官士兵都愿意在他领导下，与金兵决战。

安抚将士后，虞允文直至采石江边视察地形，同诸将研究沿江的军事部署。分析敌我双方兵力情况，采石宋军仅有18000多人，和金兵相比，相差悬殊。但金军的弱点是不明地形，不善水战，士兵厌战。而宋军士气高昂，官兵团结一致，共同对敌。虞允文在分析敌我利弊，知己知彼的基础上，决定以逸待劳，后发制人，水军攻坚，陆军配合。把步兵与骑兵隐蔽在岸边高地后面，水军分成五队，每队均由"海鳅船"及"蒙冲"大战船组成，一队停泊在大江中游，藏有精兵，作为应战的主力，两队分做东西两翼配合主力，另外两队隐蔽港内，发挥袭击敌船和援助前阵的作用。全面部署后，宋军严阵以待。

完颜亮先是派出一小部分水军向江面发起试探性进攻，未见宋军，他误以为宋军怯战，他亲自挥动小红旗，亲率几百艘战船从杨林渡口出发。由于水道生疏，在江中飘摇不定，难以前进，部分金兵登陆，虞允文抓住战机，对身边的猛将时俊说："你的胆略四方闻名，还立在阵后更待何时！"时俊闻言立刻挥舞双刀进击，宋军发起猛攻，消灭了登陆的全部金军。此时在中游担任主攻的战船猛冲，敌舟燃烧，沉没多艘。敌军半死半战，日暮未退，战斗非常激烈。这时正好有一队从光州退回的宋军路经采石，虞文允立刻把他们留住发给军鼓，让他们从山后绕到江边，充当疑兵。敌兵产生错觉，以为宋军援兵来到，仓皇逃窜。虞允文命劲弓尾随追射，大败金军，射杀4000余人，擒俘500余人。

虞允文料定损伤惨重的金军不会善罢甘休，第二天他亲率战船封锁杨林渡口。不出所料，金军重整旗鼓再次发动进攻，于是他命令部将带领大批射手猛射金军，还派人到杨林渡口上游焚烧金军剩余船只，再次挫败金兵。

此时进退两难的完颜亮率残兵至淮东企图躲过宋军追击，从瓜州渡口南犯，虞允文要求李显忠拨兵16000步兵、水军增援。金兵受阻，败局不可挽回。

这时金军厌战，士气低落，逃亡者与日俱增。完颜亮恼羞成怒，大力镇压，杀戮士兵，人人自危，无心作战。11月26日完颜亮严令明日渡江，后退者格杀勿论。金兵将领忍无可忍，当夜密谋，于

27 日黎明杀死了完颜亮，残军北退。宋国收复两淮州郡，士气大振。

这一次采石大捷是一次以弱胜强，以少胜多的战役，不仅挽救了南宋王朝的危机，更使南宋人民免遭女真贵族的蹂躏，鼓舞了南宋军民的抗金斗志。战后虞允文出将入相，虽然得到重用，但南宋最高统治者的根本目的是为缓和舆论，无心北伐，忍辱苟安，因此不可能真正改变南宋小朝廷腐败没落的状况。

至死不渝，报国壮志

陆游（1125—1210），字务观，号放翁，越州山阴（今浙江绍兴）人，是南宋著名的爱国诗人。还在襁褓中的陆游就随家人颠沛流离。他亲身感受到被侵掠、受欺凌的痛苦。陆游的父亲，是具有爱国思想的正直士大夫，所结交的也多为爱国之士。父亲经常与朋友在家中聚会，谈论国事，每当说到金人入侵，他们无不咬牙切齿，痛哭流涕，父辈们的爱国思想和高尚情操，对陆游耳濡目染，熏陶默化。忧国忧民的思想感情在他心里生了根，使他从小就决心献身抗金事业，立下了"上马击狂胡，下马草军书"的爱国壮志。为了实现这一壮志，陆游学文习武。他曾研读兵书，还花了很长时间从师学习剑术。从学习剑术的过程中，培养了他英勇豪爽的气概，也锻炼了他刚健强壮的体魄。

长大以后，陆游积极投入抗金救国的斗争。在他做官期间，做了许多爱国、爱民之事，曾为收复失地、统一祖国积极出谋划策；也曾身着戎装，跃马横戈，卫戍在大散关口，往来于前线各地；还曾在大灾之年，开官仓赈济饥民……但因为陆游始终坚持抗金救国的主张，多次遭到了投降派的陷害、打击和排挤，可他对自己的理想始终坚信不疑。直到晚年病重时，报国信念和爱国热情仍然不减当年。

1210年春，这位85岁高龄的爱国老诗人已生病100多天了，吃药也不见效，反而越来越严重。他的亲朋好友知道他将不久于人世，都纷纷前来探望。

在最后几天里，陆游已茶饭不进，不能说话了。全家人围在他身边，满含热泪，悲痛万分。一天，他忽然示意要坐起来，家人只好扶着他坐好；他又让家人把窗户打开。大家怕他受风，不肯开。

陆游显出十分急躁痛苦的样子，家里人只好给他开了窗户。此时，他透过窗口，翘首北望，眼含热泪，思绪难平。他从小生活在民族矛盾尖锐的时代，亲眼看到金兵蹂躏中原人民，曾多次表示要挥戈跃马收复失地，统一祖国，但都被软弱无能的南宋朝廷拒绝了。国仇未报，一腔爱国热情只好倾注笔下。"一闻战鼓意气生，犹能为国平燕赵"，他的强烈的爱国热情，有增无已；"壮心未与年俱老，死去犹能做鬼雄"，他的报国壮志，老益弥坚；"僵卧孤村不自哀，尚思为国戍轮台"，他收复中原的信念，至死不渝。几十年过去了，山河依然破碎，百姓仍遭涂炭，自己壮志未酬，所有这些，怎能不叫他"悲歌仰天泪如雨"？诗人明白自己就要离开人世了，他又看了一会儿窗外，忽然指指书案，家人明白，他要写诗。儿子端来了笔砚，跪在他身边。他那颤抖的手拿起笔刚刚写了"示儿"两个字，便喘成一团，但他不肯作罢，用尽最后的力气，哆哆嗦嗦地写道："死去原知万事空，但悲不见九州同。王师北定中原日，家祭无忘告乃翁。"意思是：个人生死原是没有什么值得留恋的，可悲的是不能再看到祖国山河的统一；等到有一天朝廷的军队收复了中原失地，家里举行祭祀时，千万不要忘了把好消息告诉你们的父亲啊！这篇千古传诵的《示儿》，是一位伟大爱国诗人留下的最后心声，也是陆游用血和泪以至整个生命谱就的华章。

这位伟大而杰出的爱国诗人，直到临终，心里念念不忘的，仍然是祖国领土的完整，国家的统一。这种至死不渝的报国信念，这种炽热的爱国激情，多少年来同他那不朽的诗作一样被人们传诵，直到今天还激发着千百万中国人的爱国热情。

爱国词人，勇抗金兵

1161 年，在郓州通往金朝军营的山路上，只见两团黄尘滚滚向前。一匹马载着一个和尚模样的人向前飞跑，后面，一个英俊的年轻人策马紧追。终于追上了，和尚慌了手脚，满脸堆笑地对年轻人说："我兄貌似青兕，勇猛过人，还望看在往日情分，饶我一回。"年轻人毫不理会，怒睁双目，挥剑将和尚斩于马下。

这个年轻人，就是南宋著名爱国词人辛弃疾。

辛弃疾（1140—1207），原字坦夫，改字幼安，号稼轩居士，历城（现山东济南）人。他成长于金人的统治之下，金朝统治者推行的一系列种族歧视政策给广大人民带来的深重苦难，深深刺痛了他的心，使他从小就对这种野蛮的民族掠夺痛恨至极。他的祖父辛赞虽作金朝小官，但没有忘怀祖国，经常对辛弃疾进行爱国主义教育，所以，辛弃疾幼时就立下了恢复中原，统一祖国的壮志。为此，他勤奋读书，刻苦锻炼体魄，二十几岁便文才出众。

辛弃疾 22 岁时，金主完颜亮带领大军南下侵宋。金军后方空虚，中原地区的英雄豪杰趁机"屯聚纷起"进行反抗。辛弃疾也毅然投笔从戎，组织起 2000 多人的队伍参加了耿京领导的农民起义军，并以其文才当上了起义军的"掌书记"，掌管起义军的大印和书檄文件。为了扩大力量，他说服了一个叫义端的和尚，带了 1000 多人马来投耿京。谁知义端不怀好意，在一天晚上偷了起义军的大印逃奔济南投降金人去了。得知消息后，辛弃疾怒火从心起，立即骑上耿京的乌龙马去追义端，果然，在半路上截杀了义端，夺回了印信。辛弃疾以自己的行动，在义军中赢得了威望。

义军在不断发展壮大，然而辛弃疾却忧虑地看到，义军人数虽有 20 多万，但由于是孤军作战，又缺少训练，一旦与金军铁骑进行大战，势必难以取胜。因此辛弃疾劝导耿京南归宋朝，和官军共同抗金。耿京采纳了这一建议，并派辛弃疾代表义军去和宋朝联系。任务顺利完成，辛弃疾立刻策马北归，要把这一好消息向耿京传述。不料，行至海州（今江苏东海附近）时，一个惊人的消息传来。在敌人的诱降政策挑动下，义军中发生了哗变。叛徒张国安杀了耿京，劫持义军投降了金人，并被封为济州（今山东巨野）的州官。听到这一消息，辛弃疾怒火中烧，他决心除掉叛贼为耿京报仇。他带了50名勇士，快马加鞭直奔济州张国安的营帐。他们趁其不备一拥而上，以迅雷不及掩耳的动作杀了金将，把张国安捆绑在马上，同时向其部下声言，朝廷10万大军随后即到，张国安的部下不少是义军旧部，所以当场就有上万人起来反正。于是，辛弃疾等押着张国安，率领这上万人马，迅即掉头南下，一路上战胜了金兵的围追堵截，终于回到了南宋。辛弃疾惊人的英勇爱国行为，使昏庸的南宋朝廷大为震惊。这时，辛弃疾才23岁。

辛弃疾抱着抗金的理想南归，但南归后却是那样地不尽如人意。他非但不能跃马横刀于疆场，运筹策划于帷幄，反而不断受到投降派的打击、排挤，42岁便被罢官。有心报国，却报国无门。辛弃疾茫然、痛苦、无限悲愤。"愤怒出诗人"，慷慨激越的辛词，正是这种愤怒的艺术结晶。辛弃疾的词充满深厚的爱国热情和挽救国家危亡的雄心壮志，"要挽银河仙浪，西北洗胡沙"，"道男儿到死心如铁，看试手，补天裂"，"平戎万里，整顿乾坤"。辛弃疾的词也表露了他壮志未酬的忧愤之情。"长安，故人问我，道愁肠殢酒只依然。目断秋霄落雁，醉来时响空弦"，"追往事，叹今吾，春风不染白髭须。却将万字平戎策，换得东家种树书"。辛弃疾的爱国辞章，慷慨悲壮，不仅真挚动人，而且热情澎湃，具有强烈的感染力。辛弃疾词以豪放著称，历史上把他和苏轼并称"苏辛"，在我国文学史上也有很大影响。

一支熊熊的火炬，燃烧到了尽头。1207年，辛弃疾终于怀着忧愤的心情与世长辞。临终前，还连呼数声"杀贼"，显示出爱国词人的心始终没有离开抗金的战场。

浩然正气，取义成仁

文天祥（1236—1283），字宋瑞，又字履善，号文山，青州庐陵（今江西吉安县）人。从小他就喜欢读书，尤其爱读忠臣烈士的传记，这些传记深深地影响了他。21岁时他考中了状元。

文天祥所处的时代，正是蒙古统治者向南方不断入侵的时代。面对强悍的蒙古铁骑，文天祥力主抗元。在元军攻陷襄、樊二城，沿江东下直逼京城临安的危急关头，文天祥在江西变卖家产充作军费，组织义军入卫临安。元军很快打到临安附近，南宋朝廷中的官员纷纷逃跑。这时，文天祥任右丞相，去元军营中谈判，不料被元军扣留。在押往北方的路上，文天祥乘元军不备，在镇江逃脱，他历尽艰难险恶，走扬州，过高邮，经泰州，渡海到了福建，和张世杰、陆秀夫等联合起来继续抗元。接着，他又到江西一带，招兵买马，并陆续收复了一些州县。可是，双方力量实在相差太远，不久他就被元军打败，在海丰附近的五坡岭被俘。

元将张弘范看见文天祥，连忙上前相迎，文天祥却转过身体，以脊背相对。张弘范恬不知耻地说："文丞相，你的为人，我一向敬佩。古人说，识时务者为俊杰，只要你写一封信给张世杰，叫他投降，那么，你还可以当丞相。"

"无耻之尤！"

"文丞相，刚者易折啊！"

"宁折不弯！"

张弘范"嗖"地抽出寒光逼人的宝剑指向文天祥，说："你硬还是我的剑硬？"文天祥神色坦然，大步向剑尖撞去。张弘范突然被吓得连连退步，祈求地说："文丞相，何必轻生呢？你给张世杰写封信吧！"

文天祥站住，说："拿纸笔来！"

张弘范以为劝降成功，喜形于色，赶紧递过纸笔，只见文天祥挥笔疾书：

> 辛苦遭逢起一经，干戈寥落四周星。
>
> 山河破碎风飘絮，身世沉浮雨打萍。
>
> 惶恐滩头说惶恐，零丁洋里叹零丁。
>
> 人生自古谁无死，留取丹心照汗青。

写完，文天祥冷笑一声说："你拿去吧。我兵败被俘，再不能捍卫父母之邦，已深感无地自容。怎能写信去叫别人背叛国家呢？只有你这样的软骨头，才甘心做元军的奴才！"

南宋灭亡后，张弘范又向文天祥劝降说："现在宋朝已亡，你的责任尽到了，如果你投降元朝，仍然可以做宰相。"文天祥气愤地说："国家灭亡不能救，我已死有余辜，怎么还敢苟且偷生呢？"他决心以死报国。

元朝统治者看到劝说无用，就把文天祥关在一间阴暗潮湿的监牢里。那里一年到头透不进阳光，冬天冷得像冰窖，夏天臭气熏天，蚊虫成群。就在这样的牢房里，文天祥被关了4年，受尽了各种各样的苦难和折磨，但丝毫没有动摇他以死报国的决心。在这里，他写了许多诗篇，《正气歌》就是其中最著名的一篇。这首五言长诗表达了文天祥反抗元朝统治的思想感情，同时歌颂了春秋战国以来许多忠君爱国的勇士，他决心要向他们学习，保持自己的浩然正气，决不贪生怕死，屈膝投降。

仍抱有希望的元朝统治者继续劝文天祥投降。最后，元朝皇帝忽必烈决定亲自劝降。见到忽必烈，文天祥不肯下跪，忽必烈的左右强行要他下跪，文天祥坚立不动，从容地说："宋朝已经灭亡了，我应当赶快死！"忽必烈劝诱说："你只要用对待宋朝的心来对待我，我就封你做宰相。"文天祥仍不理睬。忽必烈又说："你如果不愿做宰相，就请你做别的官，怎么样？"文天祥斩钉截铁地说："我只求一死就够了！"

1283年1月，文天祥被押赴刑场。临刑前，元朝官员问他说："你有什么话说，告诉皇帝，还可以免死。"他回答："死就死，还有什么话可说！"他又问身旁的人："哪一边是南方？"身旁的人告诉了他。他没有忘记南方的祖国，向南方下拜说："我能够报国的机会，也已经完了。"说完，从容就义，年仅 47 岁。

文天祥遇害后，文夫人在收殓他的遗体时，发现他的衣袋里写着一段赞词："孔曰成仁，孟曰取义，惟其义尽，所以仁至。读圣贤书，所学何事，而今而后，庶几无愧！"文夫人向文天祥的遗体致哀，含着眼泪默念："夫君，你的死，重于泰山；我一定把你的遗言传给子子孙孙⋯⋯"

视死如归，勇敢除奸

　　元代忽必烈时期，朝廷中有一位极其阴险狡猾的奸臣，他的名字叫阿合马。他原来是个商人，因极善理财之道，被朝廷指定为总理财政的大臣。此人上任后不久，便凭着机敏狡猾，为皇帝和朝廷搜罗了大量钱财，皇帝为表彰他理财有功，不久便任命他为宰相。

　　成为宰相后，阿合马更加肆无忌惮地盘剥百姓。他常常利用手中的职权，强占民田，搜刮民财。在政治上，阿合马为了巩固自己的地位，结党营私，打击异己，使统治阶级内部的斗争日益激化。除此之外，他还是个杀人不眨眼的刽子手。他经常在民间抢男霸女，妻妾达400余人。当有人敢反抗他时，他便野蛮地将反抗者杀掉，还要将人皮剥下，藏在柜中，以显示他的威势。

　　朝中一些正直的官吏对阿合马的倒行逆施颇为愤慨。宰相廉希宪、太子真金等都对他的暴行予以斥责，可是由于阿合马很狡猾地利用了元世祖忽必烈这个保护伞，这些人的反对都对他没有丝毫损坏。相反，他自感有皇帝撑腰，变得更加猖狂。朝中官位低一点的人反对他，他就利用职权，对人家进行迫害。大臣崔斌由于陈奏了阿合马的罪行，受陷害至死；卫士秦长卿请求杀了阿合马，以平民愤，却先遭阿合马毒手身亡。这样，尽管朝中官吏对阿合马恨得咬牙切齿，却只敢怒不敢言。

　　然而，就在当朝官吏个个都大气不敢出的时候，朝中有一名叫王著的小军官，决定挺身而出，为国杀贼。

　　王著，字子明，山东益都人。他从小胆略过人。早年，他曾在益都担任过小官，后来弃官从军，因在军中作战英勇，被提为千户。为了杀死阿合马这个奸臣，王著首先偷偷备了一个大铜锤，想有朝一日亲自杀了阿合马。王著准备好了杀阿合马的武器后，便私下里和几位朋友商定：决定利用元世祖忽必烈和太子真金北去上都巡视的机会，刺杀阿合马。

三月的一天，元世祖和太子北上巡视去了。王著和朋友到郊外，把一位模样长得和太子真金极像的人装扮成太子的样子，然后，声称太子要返京做佛事，趁着夜色让假太子混入城中。

第二天一早，阿合马便接到指令，说太子回京要做佛事，请他晚上去迎接太子的乘舆。

宫中宿卫长官听说这事后，觉得有些奇怪，他想太子与皇上去了上都，距这千里之遥，怎么这么快就返回来了呢？于是，他命令把太子周围的几个人抓起来审问。审问结果，没有发现破绽。但他仍不放心，命令立即加强警戒。

白天发生的这些事，给王著的刺杀计划带来了很大麻烦。这时王著朋友中有人开始动摇，怕招来杀身之祸。王著义正词严地对朋友说："阿合马是一位罪大恶极的奸臣，我王著就是冒死也要杀了他，为民除害。"并一再表示，一人做事一人当，决不连累朋友。王著的胆量激励了更多的朋友，大家一再表示，一定配合王著杀掉阿合马。

这天晚上，天刚刚黑，王著等人的刺杀行动便开始了。王著先单独策马到达阿合马府第，通知他速迎太子乘舆回宫。这阿合马怕是有诈，狡猾地让王著先走一步，称随后自己就到，可王著走后，阿合马命令自己手下一行人前去接驾，而自己跑到皇宫中观察动静。

等了半天，假太子一行人也没看见阿合马的人影，正当人们焦急的时候，发现了阿合马派来的迎驾官员，假太子一见厉声喝道："为什么阿合马不来接我！"来人慌慌张张地说了声："他，他在宫中迎候。"话未说完，就见假太子一行中突然冲出一个人，阿合马的人还没来得及吱一声便个个倒地，送了性命。

王著等人听说阿合马躲在宫里，怕出什么意外，慌忙加快速度到皇宫东门外。但东宫大门守卫，早接到警戒的命令，不敢贸然开门，宿卫长官登上角楼，张望半天，没看出什么破绽。但他依然不肯开门，便对人马盘问道："往日千岁不走此门，今日怎么变了章程？"王著没想到这点，怕耽误大事，便拨马向南门走去。

王著等人这样一走，使本来就怀疑的宿卫长官更加警觉，他立即调动卫队跟在后面，准备见机行事。

说来也巧，正当王著等人担忧事败时，阿合马在皇宫待不住了，他亲自率一队人马由南向北向王著一行赶来。不一会儿，两股人马相合，假太子急速传令：要阿合马下马接驾。

阿合马不敢违命，只好向乘舆走来。他刚站稳，只听一声厉吼："阿合马，你可知罪！"还没开口，阿合马便被当头一锤，打得扑倒在地。紧接着王著又是一锤，把阿合马打死了。

这时，宿卫长官等人闻声赶来，王著一边激战，一边掩护同伴撤退，然后对着元兵说："杀贼者是我王著！把我抓走吧！"

几天之后，王著和几位朋友被判死刑。临刑前，王著视死如归，痛骂奸贼。这一年，王著才 29 岁。

百姓们都对王著怒杀阿合马的消息拍手称快，赞颂王著除奸的勇敢精神。后来，忽必烈见阿合马这样不得人心，为了表明自己的清明，决定杀掉阿合马的儿子，没收其全部家产，并将阿合马剖棺戮尸示众。

保国卫民，征战沙场

　　袁崇焕（1584—1630），字元素，广东东莞人。明末著名的爱国将领。

　　明万历年间，女真领袖努尔哈赤建立了后金。后金建立后，努尔哈赤便以"七大恨"誓师告天，兴兵反明。后金军队剽悍善战，仅用几年时间，就毁抚顺，拔清河堡，在萨尔浒山大败明西路军，使 8 万明军全军覆没。后金军乘胜步步逼近，占沈阳，陷辽阳，攻下辽东多处城寨。在后金强大的攻势面前，军事重地广宁（今辽宁北镇）的明军守将惊慌失措，弃城逃入山海关。东北全境陷于完全失落的危急之中，明朝的安全受到极大的威胁。

　　消息传来，朝野震恐，文武大臣议论纷纷，但都拿不出一个主意。这时，刚从福建调来兵部的袁崇焕站了出来，自信地说："只要给我兵马和钱粮，我就可以把关外的防御责任担当起来！"其实，袁崇焕当时只是兵部的一名小官，对此关系国家存亡的大事，他既无责任，也可以不冒风险。但他有一颗忧国忧民之心，他想到国家的安危，想到人民生活的安定，自己作为一朝武将怎能袖手旁观，无动于衷！袁崇焕自愿戍边，受到群臣称赞，于是提拔他为佥事（到地方上巡视军事的官员）到山海关外监督军事。

　　一到关外，袁崇焕便立刻与将士商议守备计划，安抚无家可归的百姓，修筑军事要冲宁远（今辽宁兴城）的城墙，以巩固边防。正当宁远城墙告成的时候，袁崇焕的父亲去世了。按当时的制度，官员丧父要卸任回家守孝 3 年。但此时袁崇焕早已把全身心都投入到东北的边防上，他怎能为了家事而放弃国事呢？袁崇焕眼含热泪，朝南三拜，表示对父亲的悼念之情。

　　努尔哈赤于 1626 年率 13 万大军，西渡辽河，兵临宁远城下。

这时宁远城中，只有 1 万多兵马。面对如此悬殊的敌我力量，人心惶惶。为鼓舞斗志，袁崇焕集合全城将士，当众刺破手指写下血书，誓与宁远城共存亡。战斗打响了，后金军企图掘开城墙攻进城去。袁崇焕沉着应战，用西洋大炮对准敌兵密集的地方频频开火。炮声一响烈焰腾空，后金军血肉横飞，成片成片地倒下。战斗进行了两天，后金军发动了无数次进攻，但在袁崇焕的指挥下，宁远城岿然不动，而后金军却死伤无数，四员将领阵亡，努尔哈赤本人也负了伤。大势既去，后金兵纷纷逃窜，袁崇焕乘胜追击 30 里，歼灭后金官兵 1 万多人。宁远大捷使后金军胆战心惊，就连身经百战的努尔哈赤也叹息道："我从 25 岁带兵作战以来，战无不胜，攻无不克，谁想到这个宁远城却打不下来。"

努尔哈赤死后，其子皇太极又率兵攻打锦州和兴城，但都被袁崇焕的部队所击败。1629 年，后金军改变战略，皇太极率军几十万，绕过袁崇焕的防区，突破长城，攻入关内，进逼北京。袁崇焕得到警报，立即挥师入关，在北京城下，与后金军展开了激战。袁崇焕身披铠甲，亲自上阵督战杀敌。在他的带领下，明军士气高涨。将士奋勇杀敌，从中午血战到晚上，终于打退了后金军，皇太极感叹地对部下说："我打了 15 年的仗，从来没遇到过这样厉害的对手。"

袁崇焕横戈戍边战沙场，为保国安民立下了汗马功劳。他一生为官清廉，刚直不阿，深受广大将士和百姓的爱戴，可是却遭到了朝中奸党的迫害打击。形势一有好转，朝中奸党便以"谋叛欺君"的罪名将他杀害了。

袁崇焕的一生，不为名，不为利，不为权，唯有保家卫国，正如他写的《边中送别》一诗所言：

　　　　五载离家别路悠，送君寒浸宝刀头。

　　　　欲知肺腑同生死，何用安危问去留？

　　　　杖策只因图雪耻，横戈原不为封侯。

　　　　故园亲侣如相问，愧我边尘尚未收。

保卫海疆，驱逐倭寇

　　戚继光（1528—1587），字元敬，号孟诸，山东蓬莱人。他出生在一个世代担任武职的将门之家。由于家教的影响，他从小就树立了抵御外侮的爱国思想。

　　明世宗的时候，日本的一些封建诸侯，纠集武士、商人和海盗经常在我国东南沿海一带骚扰，杀人放火，抢劫财物，闹得人民不得安宁。沿海居民非常痛恨，称他们为倭寇。

　　17 岁的戚继光，担任了登州卫指挥佥事，开始了他的戎马生涯。这个具有爱国思想的年轻人，看到沿海不平静，曾慷慨赋诗说"封侯非我意，但愿海波平"，表达了他保卫祖国海疆的志向。

　　1555 年，戚继光调到浙江，担任参将。他到任不久，就在温州、台州一连几次大败倭寇，成了远近闻名的勇将。在军事实践中，他深感当时军队素质太差，缺乏训练，战斗力弱，军纪又坏，无法战胜倭寇。于是他编练了以农民和矿工为主的三千新军，并根据南方地形特点，创造了"鸳鸯阵"的新阵法，这种阵法可攻可守，作战灵活，特别便于近距离作战，大大增强了战斗力。他还招募渔民，组成一支水军，从海陆两方打击倭寇。戚继光非常重视部队的军纪。一方面，他经常给战士们讲述杀敌卫国、保护家乡、爱护人民的道理，使战士齐心合力，刻苦练兵；另一方面，他制定了严格的军纪，赏罚严明。他规定，擂鼓该进，就是前面有水火，也要奋勇前进；鸣锣该退，就是前面有金银，也要坚决后退。经过训练，一支作战勇敢、纪律良好的军队形成了，被人们称之为"戚家军"。

　　这时，倭寇大举侵犯浙江台州的消息又传来了。戚继光率军进剿。敌人一闯进戚继光摆的"鸳鸯阵"，刀、枪、藤牌就像一阵暴风骤雨，密密层层向他们压了过去。倭寇一部分被当场杀死，一部分被赶到灵江里淹死了。戚家军大获全胜，从倭寇手里，救回了被掳去的百姓5000多人。时隔几日，戚继光又在处州上峰岭布下天罗地网，以少胜多，歼敌2000多人，充分显示了他出奇制胜的指挥艺术。接着戚家军又在台州地区与倭寇进行了十余次战斗，连战皆胜，把倭寇全部赶出了浙江。戚家军打出了军威，名震天下，老幼皆知。大军凯旋时，台州百姓官吏出城20里相迎。

倭寇慑于戚继光的威名，又把骚扰的矛头指向了福建沿海。戚继光又奉命出师福建。在极端困难的情况下，戚继光巧施妙计，戚家军奋勇杀敌，在宁德、牛田、林墩接连打了3个胜仗，杀敌数千，捣毁敌人的大小巢穴数十座。但戚家军也伤亡惨重。当地百姓出城远迎，慰劳品塞满街道。戚继光婉言拒绝了对他个人的祝贺，他想到牺牲的士兵，难过地说："士卒伤亡，我何忍受贺。"他带着深切的感情下营帐看望伤兵，亲自抚恤阵亡将士的家属，穿上素服，声泪俱下地哭祭阵亡士兵。戚继光爱兵如子的将风，深深感动了全军将士，杀敌逐倭的士气越来越高昂。

"一年三百六十日，多是横戈马上行"。经过戚继光等将领十余年来统率沿海军民，浴血疆场，英勇战斗，东南沿海的倭寇被彻底肃清了，人民又开始了安居乐业的生活。

戚继光平定倭寇，保卫海疆，在中华民族反抗外来侵略的历史上写下了光辉的一页。他的爱国思想和丰功伟绩，人民永远不会忘记。至今，浙江、福建一带仍流传着戚家军英勇杀敌的故事，并保存着大量戚继光和戚家军的遗迹。

驱逐入侵，收复台湾

郑成功（1624—1662），本名森，字大木，福建南安人。他从小喜欢读书、爱好练武。后来由于郑成功坚持抗清斗争，深受南明隆武帝器重，赐姓朱，改名成功，所以又号为"国姓爷"。

郑成功曾随父亲郑芝龙参加抗清斗争。郑芝龙降清后，郑成功拒绝了清朝政府的招降，继续举旗抗清。在残酷艰苦的斗争中，郑成功感到，如果不建立坚强可靠的基地，抗清是难以持久的。于是，他决定改变战略，挥师东渡，驱逐荷兰殖民者，收复中国台湾。

台湾自古以来就是中国的领土。1624 年，台湾被荷兰殖民者侵占。他们在台湾大肆掠夺，残酷勒索，使台湾人民生活在水深火热之中。荷兰殖民者为了加强统治，在台湾西南部修建了 2 个据点——台湾城（今安平）和赤嵌城（今台南），并驻军2000 多人。

1661 年 4 月 21 日中午，郑成功率领大军25000 人，分乘 350 多艘战船，从金门出发，浩浩荡荡，挥师东进。他们冒着风浪，越过台湾海峡，在澎湖休整几天，准备直取台湾。然而这时，军中有些将士听说西洋人的大炮厉害，有点害怕。郑成功把自己的战船排在前面，鼓励将士说："荷兰人的红毛火炮没什么可怕的，你们只要跟着我的船前进就是。" 4 月 29 日，郑成功的大军利用海水涨潮的时机，驶进鹿耳门，登上台湾岛。

台湾人民听说郑军来到，成群结队推着小车，提水端茶，迎接亲人。在人民的支持下，郑成功的军队包围了赤嵌城。赤嵌的荷军一听有大军攻城，顿时惊慌失色。他们一面向荷军总督告急求援，一面派出240 名荷军迎战。郑成功的大军勇猛异常，一举歼敌180 人，吓得敌人龟缩城中不敢应战。3 天之后，敌军在外无援兵、内无水源、秩序混乱的情况，只好献城投降。郑成功的大军随即直逼

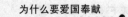

荷兰殖民者的另一据点台湾城。

台湾城是荷兰总督揆一的驻地。整个城池是一座建筑在海堤（鲲身）上的堡垒。城高墙厚，防守严密，并设炮台火器，城防比较坚固，给攻城带来很大困难。郑成功把大军驻扎在附近，一面命令士兵做好攻城准备，一面深入民间，征求当地百姓的支持。他所在之处，"壶浆迎者塞道"，当地人民都热烈欢迎和支持祖国来的军队。

看此形势，揆一一面偷偷派人去巴达维亚（今爪哇）搬救兵，一面派使者去郑军大营求和。说只要郑军肯退出台湾，他们愿意献上 10 万两白银慰劳。郑成功断然拒绝，并严词喝道："台湾本是中国领土，我们要收回这地方是理所当然的事，你们如果赖着不走，就把你们赶出去！"

喝退荷兰使者，郑成功把 24 门大炮运到阵地上，下令攻城。中国军队勇猛冲杀，但荷军炮火猛烈，一时难以取胜，于是郑成功决定采取筑栅挖壕，长期围城的战略来逼迫敌军。驻爪哇的荷军，闻台湾城被围，立即派了 10 艘战舰，700 多士兵前来救援，也被郑成功的军队打败，退回爪哇。8 个月后，郑成功下令向台湾城发起总攻，一排排大炮猛轰，炮弹雨点般地倾泻到城中，一时火光冲天，城内混乱不堪。荷军一看败局已定，走投无路，只得举起白旗投降。郑成功的军队收复了台湾城，终于把盘踞达 38 年之久的荷兰殖民者驱逐出台湾。

郑成功于 1662 年 7 月因积劳成疾，患了重病。在患病期间，他非常思念祖国，天天坐在将台上，面向辽阔的大海，眺望祖国大陆。病至七天，终于不幸逝世，年仅 39 岁。

郑成功不畏艰险驱逐荷兰殖民者、开发台湾的英雄业绩，光耀史册，驰名中外。这位著名的爱国者，永远值得人们纪念和尊敬。

壮烈牺牲，肝胆昆仑

清代末年的中华民族爱国志士谭嗣同，在监牢里，写下了流传千古的壮烈诗篇《狱中题壁》：

> 望门投止思张俭，忍死须臾待杜根。
>
> 我自横刀向天笑，去留肝胆两昆仑。

诗中所说的"两昆仑"，一是指康有为，一是指大刀小王五。

提起大刀小王五，在当时的北京城里无人不知，无人不晓。北京城里有几家镖局，里头的保镖都是有武艺的人，他们受雇于钱势显赫的豪门贵族或巨富商贾之家，负责保护这些有钱有势人的生命财产安全。大刀小王五就是北京前门外顺兴镖局的掌柜。

大刀小王五是北京本地人，从小身世清苦。他原姓白，名正谊，字子宾。父亲很早就去世了，留下他和母弟二人，靠母亲做针线活苦度光阴。8 岁那年，母亲也溘然长逝，只剩下兄弟俩相依为命。他们沿街乞讨，勉力维持。当时顺兴镖局的掌柜叫王五，见白正谊孤苦伶仃，与妻子商量后，收养了他，并改姓王。由于白正谊聪明能干，身手灵活，在王五指点下学习武艺进步很快，深得王五夫妇钟爱。白正谊 19 岁那年，王五夫妇招赘他做了自家女婿。不久，王五夫妇相继离开人世，白正谊接替王五，当上了顺兴镖局掌柜，人称小王五。因他善使大刀，人们又叫他大刀小王五。

身为镖局掌柜和镖客的小王五，虽然主要为官府押运各省进贡的钱粮，但他从小有一副侠义心肠，对官场的昏庸腐朽十分不满，常与打劫官府钱财的绿林好汉里应外合，夺取贪官污吏的不义之财，赈济平民。官厅衙门几次要拘捕他，都被他巧妙地逃脱；而他在江湖上的名声，反而越来越大。

当时，帝国主义列强疯狂地侵略中国，而腐败的清朝政府却一味妥协投降。各地民众反帝反清的斗争开展得如火如荼。面对帝国主义的弱肉强食和清政府的屈膝投降，小王五的爱国激情日益强烈。中国近代资产阶级改良派领袖康有为、梁启超、谭嗣同等人一起倡导维新变法，想依靠光绪皇帝实行变法。当时，小王五与谭嗣同过往甚密，常到谭嗣同的住所去看望他，并教他舞剑，希望在维新变法中助谭嗣同一臂之力。后来变法失败，慈禧下令逮捕谭嗣同等人，小王五获悉后劝谭嗣同东渡日本暂时躲避一时，并动情说："您去日本，我当随从，决心保护你，别无所求。"

谭嗣同感谢小王五的一片赤诚，但他已下定决心为变法献身捐躯，他悲愤地对小王五说："谢谢你的盛意！我不能离开祖国，为自己的安危着想，各国变法无不从流血开始，现在中国还没听说为变法而流血的人，所以国家不可能富强昌盛。如果要流血，那就让我谭嗣同成为第一人吧。"

这响当当的话，使小王五非常感动。

小王五想方设法营救被捕入狱的谭嗣同，但没有结果。小王五还打算通过劫狱的方法去救出谭嗣同，都被谭嗣同劝阻。1898 年 9 月 28 日，反动的清政府将谭嗣同等 6 名爱国志士押往北京的菜市口斩头示众，小王五打算劫法场，终因清军人马众多，戒备森严，未能如愿。谭嗣同牺牲后，小王五遵照他的遗嘱，把他给夫人李闰的信由北京送到湖南家中，后来，小王五曾暗中联合一批有志之士为谭嗣同报仇雪恨，但未能实现。

谭嗣同的壮烈殉难，更激发了小王五的爱国精神，他仇恨在中国烧杀掳掠的帝国主义侵略强盗。1900 年八国联军对北京洗劫，义和团的爱国斗争，更激励了小王五。他率领自己的手下和爱国志士，在北京城里和帝国主义展开了浴血战斗。1900 年 11 月，他经过一家门前，看见侵略者在抢劫，便只身一人与敌人展开搏斗，终因寡不敌众而壮烈牺牲，为祖国尽了最后的爱国之心。

以身殉国，寄著血书

　　陈天华（1875—1905）是清末反帝爱国斗争中的一员猛将，是一位杰出的民主革命宣传家。他以强烈的反帝爱国思想著称于世，他的反帝爱国故事，震撼人们的心灵，给人们留下了不可磨灭的印象。

　　陈天华出生在湖南新化县下乐村一个穷塾师的家庭。他两岁时母亲去世。因家庭贫寒，他幼年时替人放过牛，有时也提篮做点小买卖，借以糊口。只在空闲时间，他才能跟父亲读书识字。他学习用功。乡间得书不易，偶尔借到一些书，总是爱不释手。他很喜欢当时民间流传的唱词、小说，还经常模仿着写一些民歌小调、故事，言词通俗，情节生动，受到乡邻的赞赏，称他为"神童"。陈天华少有大志，一次路过驿站，他挥毫在墙上题下"莫谓草庐无俊杰，须知山泽起英雄"的诗句，胸怀天下忧国忧民的爱国主义思想跃然壁上。

　　21岁那年，陈天华经人资助，进入资江书院就学，后以优异成绩考入提倡新学的新化求实学堂。在这里，陈天华对提倡新学的书刊，非常喜爱，他如饥似渴地学习西方的自然科学，特别爱钻研西方的自由、平等和民主思想。当时的中国，正值维新变法运动和义和团运动蓬勃开展之际。这些救亡图存，反帝爱国的斗争给陈天华以极大鼓舞。戊戌变法和义和团运动的相继失败，又使他陷入深深的思索之中。

　　1903年春，陈天华经新化求实学堂资助，进入日本东京弘文学院学习师范。同年4月，沙皇俄国违反条约规定，拒不撤走其在1900年侵入东北三省的军队，并向清政府提出长期霸占的要求。消息传来，留日中国学生掀起了声势浩大的拒俄运动，组织拒俄义勇队（后改为学生军），学习军事，练习体操，决心开赴东北，与沙俄侵略军决一死战。陈天华是拒俄义勇队的骨干，他积极参加集会、操练等活动，并怀着满腔愤恨写作宣传品。他咬破手指连写血书几十封，寄给国内许多学校，以唤醒人们的觉悟。他在《敬告湖南人》的血书中，详细叙述了古今中外历史上亡国灭种的惨状和当前的民族危机。他指出：别人断我手足时，我不与之计较，直到断我头颈时再反抗，不就晚了吗？敦促人们及早起来反抗沙俄的侵略。他在血书中还写道：如果我们万众一心，舍死向前，恐怕外国人就是吃到嘴里也咽不下去。想借此血书以树立起国人反侵略的信心。所有收到血书的人，无不为他的爱国热情所感动。

当年冬天，他回国发动群众，为大规模开展革命斗争准备力量，他和黄兴、宋教仁在长沙组织了华兴会，又与会党首领马福益建立了同仇会，准备在慈禧太后 70 岁生日那天在湖南全省举行武装起义。不料被清政府察觉，起义遂告失败，他和黄兴、宋教仁又逃往日本。

留日期间，陈天华以笔作刀枪，用写作来警世，他积极从事革命救亡宣传工作。他写了很多富于革命激情的政论文，尤其是以通俗文艺说唱形式写成的《猛回头》《警世钟》，在当时的革命宣传中发挥了巨大作用，不少革命志士就是受此影响而走上革命道路的。

1905 年，中国同盟会的成立和《民报》的创刊对革命影响日益扩大。清政府企图扼杀海外的革命活动，曾多次串通日本政府驱逐留日中国学生中的革命党人。11 月，日本文部省颁布了"取缔清国留日学生规则"，严禁中国留学生从事革命活动。8000 多留日学生宣布罢课，抗议日本政府的迫害。陈天华坚决主张归国策划，反对忍辱留日的软弱态度，他在爱国思想的驱使下，断然用自己的牺牲来唤醒人们。1905 年 12 月 8 日，他留下一封绝命书，在日本大森海湾，跳海自尽。

陈天华的反帝爱国思想和以身殉国的革命精神，曾唤醒千千万万的中华儿女挽救民族危亡，也激励着后人为祖国的昌盛而发愤图强。

第二章　爱国如家，天下一统

爱国如家，天下一统

上下一心，爱国如家。

——（唐）房玄龄等《晋书·刘颂传》

[题解] 爱国主义精神是国民在长期维护国家民族利益的过程中逐渐形成的一种共同心理情感，它与民族自尊心、自豪感、自信心融为一体。爱国之心，可以有多向度的表达：维护祖国统一与民族团结，保卫领土完整与主权独立，捍卫民族尊严；热爱故土与亲人；情系天下苍生，忧国忧民；投身国家建设，创造物质财富与精神财富；传承祖国文化薪火；为国争光，等等。

灭诸侯，成帝业，为天下一统。

——（西汉）司马迁《史记·李斯列传》

[题解] 维护国家领土与主权完整，实现国家统一与社会安宁，是爱国精神的重要内涵。封建时代，人们将这种稳定统一的状态称为"大一统"。大一统作为一种文化传统在中国历史上，产生了巨大的民族向心力、凝聚力，中华儿女总是把统一视为国家的正轨，把分裂视为国家的不幸，以统一为治，以分裂为乱。只有大一统，国家才能主权独立、领土完整，多民族共同体国家才能安定和谐地发展。

诸侯各爱其国，不爱异国，故攻其国以利其国。

——《墨子·兼爱上》

[题解] 在中国，夏、商、周三代由奴隶制向封建制发展，逐步建立起以华夏族为主体的多民族联合国家。周朝建立后，大封诸侯，境内封国林立。随着周王室的衰落，各诸侯国互相征伐，渐渐形成

诸侯割据的局面。诸侯各自为重，各爱其封国。"大一统"成为当时人们渴望结束这种分裂局面的进步政治诉求。

墨子曰："唯能以尚同一义为政，然后可矣！"

——《墨子·尚同下》

[题解] 虽然墨子的"尚同"思想是以天子为权力中心的，但已冲破了宗法血缘关系的束缚，而主张任人唯贤（包括"天子"）。

利于国者爱之，害于国者恶之。

——《晏子春秋·内篇谏上》

[题解] 爱国主义要求国民以国家利益为重，个体利益服从国家整体利益，对国家有利的事就要热心地去做，对国家有害的事就要憎恶它、远离它。

郑子产作丘赋，国人谤之，曰："其父死于路，己为蛮尾，以令于国，国将若之何？"子宽以告。子产曰："何害？苟利社稷，死生以之。"

——《左传·昭公四年》

[题解] 春秋时期郑国国卿子产执政以后，为利国利民，大胆地推行了改革。有人编民谣讥讽他，说："他的父亲（被杀）死在路上，他自己心如蛇蝎，在国内发布命令，国家将怎么办？"子产听闻后却说："有什么妨害？如果对国家有好处，个人的生死都随他去。"子产这种不避风险、以国家利益为重的信念，是崇高的爱国主义精神的体现。

以身殉国，抱石投江

　　屈原（约公元前 340—前 278）名平，战国时期楚国人，是当时有名的政治家，也是我国古代第一个伟大的爱国主义诗人。

　　青年屈原，学识渊博，才华横溢，具有远大的政治理想，主张任用贤能，修明法度，抵抗外国侵略。他胸怀大志，准备报效祖国。

　　可是，他生活的时代正是楚国由强盛转为衰弱的时期。楚怀王昏庸无能，偏信偏听，没有充分发掘屈原的政治才能。屈原在楚怀王执政时期，多次遭到贵族统治集团中守旧投降派的诬陷。

　　有一次，楚怀王命令屈原起草制订一项国家法令，与屈原官职相同的上官大夫十分嫉妒。在屈原拟定法令的草稿还未完成的时候，就强迫屈原给他看，屈原不给，上官大夫就向楚怀王说："屈原居功自大，目无国君，在别人面前吹嘘说这些法令要不是他屈原，谁也制订不了。"怀王听了非常生气，从此对屈原不信任，最后，还把屈原流放到汉北很长一段时间。

　　秦昭襄王诡计多端，他成为秦王后，假装与楚王交朋友，客客气气地给楚怀王写信，请他到秦国的武关与秦王会面同时订立盟约。楚怀王见信后很矛盾，不去怕得罪秦王，去又怕上当受骗。楚怀王连忙召集屈原等一些官员商议这件事。屈原对怀王说："秦王像虎狼一样凶狠，像狐狸一样狡猾，多次欺侮楚国，这次不是什么好事。大王一去，定会中了他们的奸计。"可是，以怀王的小儿子子兰为首的一些人却使劲地主张怀王去，说："咱们因为把秦国当敌人，结果死了好多人，又丢了土地。现在人家主动来与楚国和好，我们为什么要推辞呢？"楚怀王听信了子兰等人的话，高高兴兴地动身到秦国赴约。结果一进秦国的武关，就被秦国军队包围了，秦国军队把楚怀王一行人押到秦国京城咸阳软禁起来，秦王逼迫楚国拿土地来赎回怀王。怀王在咸阳被扣押了一年多，吃尽了苦头，想起屈原的话，十分后悔，羞愧难忍，最后终于死在秦国。

楚怀王的儿子顷襄王继承王位后，屈原劝他招集人才，远离小人，鼓励将士操练兵马，增强国力，为楚怀王报仇。他的直言相劝招来了一些人的仇视。这些人不断地在顷襄王面前说屈原的坏话："大王，屈原自以为了不起，总在大臣面前数落楚王，他说大王忘了秦国的仇恨是不孝，大臣们不主张抗秦是不忠，楚国出了这些不孝不忠的君臣，怎么能不亡国呢？大王，你听听这叫什么话，屈原是不是太傲了？"顷襄王听了大怒，一气之下把屈原革职为民，再次流放到湘江以南的贫困地区去。屈原抱着救国救民的志向，反倒遭受排挤、诬陷，他满腔义愤地过起了流亡生活。

屈原虽在政治上不得志，但在文学上却有着辉煌的成就，他的代表作是《离骚》。诗中写了作者的身世、品行、才能和理想；揭露了反动贵族陷害忠良、误国殃民的罪行；表达了诗人面对黑暗污浊的社会现实的苦闷心情；抒发了诗人对祖国对人民无比的热爱和忠贞。如诗中写道："长叹息以掩涕兮，哀民生之多艰"，表达了诗人对劳动人民的深厚感情；"举贤而授能兮，循绳墨而不颇"，反映了作者举贤荐能的政治主张；"路漫漫其修远兮，吾将上下而求索"，说明了屈原坚定的理想追求。诗中有许多经典名句至今仍激励着人们爱国爱民，奋发向上。

屈原的不幸遭遇和高尚人格，尤其是他的爱国主义精神，受到广大人民的同情和尊敬。相传农历五月五日，是屈原抱石自投汨罗江以身殉国的日子。当时，当地的平民百姓听说屈原投江了，纷纷划着龙舟来抢救，担心江里的鱼会损害屈原的身体，还用黏米、竹叶包成食品撒入江心，据说是为了粘住鱼虾的嘴。后来，每年农历五月五日这一天，人民都用划龙舟、吃粽子等方式来纪念屈原。现在也是如此，提起爱国主义英雄人物，人们自然会想起屈原。

早在唐朝时期，屈原的作品就已传到日本。1852 年，《离骚》一诗有了德文译本传到欧洲。目前，屈原作品已被译成多种文字，成为世界文化宝库的珍贵财富。1953 年，屈原被列为世界文化名人，得到全世界人民的热爱和尊敬。

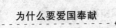

龙城飞将，镇守边疆

李广，陇西成纪（今甘肃省秦安县北）人，汉朝初期名将。

当时，汉朝主要的边患是防止北方胡地匈奴的入侵。李广为抗击匈奴，张弓搭箭，几乎一生都奉献给了疆场。他热爱祖国，英勇杀敌，为保卫边疆安全，立下了汗马功劳。

汉文帝十四年（公元前166年），匈奴又一次大规模入侵，李广从军攻打匈奴。他精通骑马射箭，杀死和俘虏了很多敌人，因有功被选拔出来做汉朝皇帝的卫兵。汉景帝即位时，派李广做陇西都尉，后来调做骑郎将。吴楚等七国叛乱的时候，李广担任骑都尉，跟随太尉周亚夫去讨平叛乱；在昌邑城下夺得了敌军的帅旗，李广立了功，出了名。

匈奴又一次大规模地侵入上郡，皇帝派亲信宦官到李广部下受军事训练，参加抗击匈奴的战争。有一天，这名宦官带领几十名骑兵去刺探军情，忽然遇见3个匈奴人，就与他们打起来。那3个匈奴人射伤了宦官，把几十名骑兵也几乎杀光了。这名宦官跑回来告诉李广，李广说："这匈奴人一定是射雕的猎手。"立刻带领100多名骑兵追过去。李广命令手下骑兵散开分两翼包围过去，自己搭弓射箭射死了两个，活捉了一个。经审讯，果然是匈奴的射雕猎手。

把这位匈奴射雕猎手捆好后，李广和部下刚准备上马回汉朝军营，就远远望见有几千名匈奴骑兵走过来。匈奴兵望见李广这100多名骑兵，以为是汉军派来诱骗他们中计的疑兵，都大吃一惊，立刻上山摆开阵势准备迎战。李广手下的骑兵，不少人胆战心惊，想要飞快逃回汉营。李广对他们说："我们离开汉营几十里，现在这100多人马往回跑不远，匈奴兵马上追过来，我们全完结。现在我们停下来，匈奴兵一定认为我们是主力部队派来诱骗他们中计的，一定不敢来攻击我们。"接着，李广向手下骑兵发令说："前进!"一直前进到离匈奴阵地约有 2 里路的地方才停下来。然后李广又发令说："一齐下马，把马鞍全卸掉!"这时，骑兵们发急了，说："敌人这么多，而且距离我们这么近，万一情况紧急，又怎么办呢?"李广说："敌人以为我们会逃走，现在我们下了马，卸了鞍，表示不走，摆出让他们追的架势，他们更加相信我们是疑兵。"果然，匈奴兵一动也不动地观望着。

匈奴阵地上，有一个骑白马的军官，走出来监护自己的队伍。李广看见了，立刻上马同十几名骑兵飞奔过去，一箭把他射死。然后再回到自己队伍中卸下马鞍，叫士兵们都把马放了，躺下来休息。这时，恰巧天快黑了，匈奴兵始终捉摸不定，不敢前来攻击。到了半夜，匈奴兵认为汉军就埋伏在附近不敢前进，连夜撤走了。天亮后，李广才带着 100 多名骑兵回汉营。士兵们都传颂李广的冷静、机智。

李广连续征战，屡屡建功，渐渐地从卫尉升调为将军。这一次，他领兵出雁门攻打匈奴。由于匈奴兵多势盛，打败了汉军，活捉到李广。匈奴主听说李广本领高，是个人才，命令部下说："捉到李广，一定要活的给我送来。"匈奴兵把李广射成重伤，让他躺在一张网里，挂在并排的两匹马中间抬着走。李广一路装死，走了十几里，偷眼看见旁边有个年轻的胡人骑着一匹好马，马上要从李广身边走过，只见李广纵身一跳，跳到那青年的马上，夺了弓箭，把那青年推下马去，快马加鞭，向南飞跑。李广一口气跑了几十里，追上部下的残兵，就带着他们进了雁门关。当时，匈奴派了几百名骑兵追李广一个人，李广一面忍着伤痛飞跑，一面取出那青年的弓箭，转身射杀快追上来的匈奴兵，最后终于脱险，连匈奴兵都说他勇敢、箭法好。

后来，李广负责镇守右北平这个地方，匈奴听说李广在那里，好几年不敢入侵那一带地区。李广入敌阵，快速如飞，连匈奴兵提起他都称呼他为"汉朝的飞将军"。

李广有一次外出打猎，远远望见草丛中好像有一只老虎，一箭射去，箭头全钻了进去，老虎却不挣扎，近前一看却是一块大石头。

连边地老百姓都知道他箭法准、力气大。

李广为人廉洁，得了赏赐都分给自己的部下，吃喝都和士兵在一起，深受士兵拥护。

马追流星，箭穿巨石，奔驰在北国边疆战场上的李广，不愧为一位充满爱国热情的名将，他机智勇敢，与士兵同甘共苦，人民永远真诚地崇敬他、颂扬他。至今，人们还经常咏唱唐朝诗人王昌龄的《出塞》一诗纪念他：

> 秦时明月汉时关，万里长征人未还。
>
> 但使龙城飞将在，不教胡马度阴山！

匹夫有责，捐产守边

汉武帝时，卜式出生于河南一个普通的农民家庭，靠种田和放羊为业。父母去世后，卜式把父母辛苦一辈子挣来的绝大部分财产全留给了弟弟，自己只赶着一群羊到山林里谋生。10多年过去了，卜式辛勤劳动，羊发展到了几千只，于是，他又买了田地房宅，成为当地的富户。

当时，北方的匈奴人经常来干扰边境人民的生活，汉武帝连年派兵征讨匈奴，花去了不少人力和财力。卜式知道了这一情况，为了抗击匈奴，维护人民生活的安宁，他给本地的县官写信说，愿意拿出家产的一半，做边疆打仗的费用。县官转报给汉武帝。武帝觉得卜式这种行为很少有，连忙派一个使者来了解一下卜式为什么要这样做。

使臣亲自来到卜式居住的山庄，问道："卜式你捐家产给边防，是不是想要当官呀？"

卜式马上回答说："我从小放羊，不知道怎么做官，我不愿意当官。"

使臣又问："那么你家里有什么冤枉事吧，想通过这个办法申冤，你想说说吗？"

卜式回答说："我生来不和任何人争吵，我对乡亲们也很好，穷的我主动借给他们钱帮助他们生活，不善良的人我尽量说服他们从善，和我交朋友的人很多，我怎能受到别人的冤枉？另外，我根本没有什么向朝廷要说的事。"

使臣又说："假如真像你说的那样，那么你这样做又有什么要求呢？"

卜式想了想说："国家正在讨伐匈奴，我认为臣民应当为守卫边防尽义务，有钱出钱，有力出力，只有这样才能早日平息匈奴的祸患，我们才能过上平静的日子。除此之外，我没有任何要求。"

使臣听了卜式的话大为感动。回到京城后，使臣建议汉武帝召见卜式，但由于丞相不同意，没有召见，卜式仍然在山里牧羊、种田。

一年后，由于连年征战，边境不得安宁，有大批移民不得不迁移内地，一切费用全都依靠国库支付，结果造成国库空虚，国家财政困难。当时，富豪人家都把钱财藏起来，不向朝廷捐献，县官们都感到很为难。这时，卜式又持20万银两献给河南太守，做移民费用。河南太守把卜式的名字写在富人帮助穷人的记录册上，上报给武帝，武帝在记录册上看到了卜式的名字，联想起以前他捐家产给边防的事迹，这才认为卜式是一位爱国爱民的忠厚长者，于是拜卜式为齐王太傅。

不久，南方边境有外族侵犯，卜式又给朝廷写信要求和他儿子一起到南方守卫祖国边疆。汉武帝很佩服卜式的爱国精神，想利用卜式的事迹来带动一些官员去守卫南疆，于是下诏书说："卜式虽然是牧羊种田的农民，但他在国家有困难的时候，能积极主动为国分忧，不仅为国家捐献余钱，而且父子愿意为国赴难。虽然还没有去前方打仗，但表现出他们的忠义之情。我赐他为爵，赏他黄金十斤，田地十顷。"这一诏书用布告的形式公布于全国，号召官员们以卜式为榜样，为国分忧。卜式急公好义，毁家产赴国难，深受汉武帝赏识，后来封卜式为御史大夫。

国家兴亡，匹夫有责，卜式的高尚情操，一直作为榜样激励着后人。

不辱使命，出使西域

张骞（？—公元前114），汉中城固（今陕西城固）人。汉武帝时曾在朝廷里做过中郎将。他当时出使西域是为了联合友好邻邦抗击匈奴侵略，保卫国家，然而在历史上更具意义的是他开辟了一条促进中外物质文化交流的"丝绸之路"，为国家的繁荣昌盛做出了贡献。

丝绸是我国古代劳动人民智慧的结晶。古罗马作家赞誉丝绸"彩色像野花一样美丽，质料如蛛丝一样纤细"，称中国为"丝国"。汉代以后，一直到13世纪，大量轻柔华美的丝绸，通过河西走廊，沿着昆仑山脉和天山山脉，向西运往西域和地中海东岸。后来，人们称这条横贯亚洲大陆，长达7000多千米，连通了古代中国与西方各国最长的陆上商路，现在被称为"丝绸之路"。

"丝绸之路"的开通，是许多世纪各国人民不断努力的结果，但是人们永远不忘2100多年前张骞为开辟这条道路所做出的不朽功绩。

西汉时期，人们把甘肃敦煌以西、天山南北以及伊朗高原等地称为西域，这一带有大小政权几十个。公元前2世纪初，匈奴占领了这一地区。汉武帝即位后，决定联合匈奴的宿敌大月氏和乌孙夹击匈奴。张骞应征出使西域。

公元前138年，年轻的张骞带100多人，从长安出发，向西行进，有个叫甘父的匈奴人当向导。他们昼夜兼程，越过长城后，不幸遇上了匈奴骑兵，张骞一行寡不敌众，全部被俘。匈奴单于把张骞软禁了10多年，一直威逼利诱，他始终没有屈服。后来，趁匈奴人的疏忽，张骞和几个随从逃了出来。在甘父向导的指引下，他们继续西行，在荒无人烟的高原沙漠中行走，靠射杀飞禽走兽充饥，一连走了几十天才到达大宛国。

大宛国国王早就希望与汉朝建立友好往来关系，见到来使，非常高兴，并派人护送张骞等一行人去大月氏。历尽千难万险，张骞终于到达目的地。但是，这时的情况已经发生了变化，大月氏西迁后占住了大夏（今阿富汗一带）的故地，那里物产丰富，周围很少发生争战，人民安居乐业，大月氏国王安于现状，已经不想再与匈奴为敌了。张骞无可奈何，只好离开大月氏去大夏国。在大夏都城的市场上，他见到了大月氏的毛毡，大秦国的海西布，安息国（今伊朗）的货物，尤其令张骞惊奇的是市场竟有汉朝四川的竹杖和蜀布。这是由古印度贩运来的。他由此考察推知从四川有路可通古印度到大夏。经过一番考察，他们从南路几经周折，于公元前126年回到汉朝。

张骞第一次出使西域前后历时13年，跋涉万余里，到过许多国家和地区，一路了解沿途的风土人情、地形物产和政治、军事、经济文化等状况，传播了中华民族对外族的友谊。这是历史上我国政府派往西域的第一个使团，史书上誉为"凿空"，即是一次空前的探险。他们出发时100多人，回来时只剩下张骞和甘父两个人了，足见此行之艰巨。张骞向汉武帝作了详细报告，并建议和西域各国友好往来，共同联合抗击匈奴。汉武帝十分重视张骞的报告，认真分析了形势，采纳了他的建议，并任命张骞为太中大夫，做皇帝的参谋。他的向导甘父被提拔为奉使君，都成为有功之臣。张骞的西域之行报告为后世留下了研究当时西域各国历史地理的宝贵资料。

公元前119年，张骞作为中郎将，第二次出使西域。张骞率众多副使、随从，带万头牛羊、大量丝绸，到达乌孙国，派副使去大宛、康居、大月氏、大夏、安息、古印度等国。张骞于公元前115年回国。同时，他派出的副使都圆满完成任务，和各国使者一同返回长安。汉朝与西域各国的友好往来正式建立了。

张骞历尽艰辛出使西域的目的是促进人类进步，形成文化交流。以后，中外使者、商人沿着张骞开通的友好道路，来往络绎不绝。西域出产的葡萄、核桃、大蒜等传入汉地，汉族的农业生产、打井、炼铁技术传到西域；西域的音乐、舞蹈、绘画、杂技传入汉地，汉族的丝绸等产品走进西域，丰富了各国人民的精神和物质生活。

张骞回到长安第二年就病逝了。他一生出使了 36 国，加强了中原与西域各族人民的联系，进一步发展了汉朝与中亚各地的友好关系，促进了各族之间的政治、经济、文化多方面交流与发展。"丝绸之路"成为一条友谊之路。

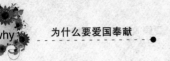

骠骑将军，抗击匈奴

匈奴原是中国古代北部边境的一个少数民族，以游牧为生。该族人生性彪悍，经常骚扰汉朝边境。他们攻城掠镇，抢劫人口、财物和牲畜，是汉朝前期最大的边境祸患。为了边境安宁，汉朝廷曾多次采取向匈奴大量送礼、送公主下嫁单于（匈奴最高首领）等措施。但是，无论实行贿赂还是"和亲"政策，都一直不能从根本上解决问题。

汉武帝刘彻是个英武强悍的皇帝。他即位后，一直考虑着如何消除这一边患的问题；经过长时间的酝酿，他决定对匈奴用兵，主动出击，澄清边疆。公元前135年，汉武帝采纳了大臣王恢的意见，派出大军30万人，拟采取诱敌深入的计策歼灭匈奴。在眼看计谋就要成功的时候，不慎走漏了消息，单于率众逃离了包围圈，汉军将士们功败垂成。但汉武帝并不气馁，公元前124年，雄心勃勃的汉武帝毅然否决了某些大臣立足于防守的奏议，选派车骑将军卫青，率6员大将，统领10万精兵，主动发起了进攻，取得了汉匈交战史上首次大胜，这更加坚定了武帝消灭匈奴的信心。第二年再派卫青、李广等大将出师征讨匈奴。在这次行动中，卫青的外甥、只有17岁的霍去病自愿要求随军杀敌，为国效力。卫青很高兴，便答应了他的请求。

穿过茫茫沙漠以后，少年志壮的霍去病主动请求，要亲自率一队人马寻找匈奴作战。经卫青批准后，他便独自率领800轻骑，离开了大队。在离大营百余里的地方，他们发现了敌军大队人马。霍去病沉着冷静，指挥轻骑，以闪电般的速度迅速突入敌军腹部，冲乱了敌人的阵势，打得敌人晕头转向，杀虏敌军两千余人，全军而返。慧眼识才的汉武帝，认为霍去病是个将才，不但破格加封他为冠军侯，而且又于元狩二年（公元前 121 年）大胆地任命他为骠骑将军，命他率一万骑兵，由陇西出发，孤军深入沙漠，寻找匈奴主力作战。

虽然汉军这时已经多次击败匈奴，在战场上连连取得胜利，但是匈奴的主力还没有遭到多大伤害。因而，汉武帝一直感到这是一块心病。他决心一鼓作气，不给匈奴以喘息的机会，消灭它的主力，彻底战胜它。但寻找匈奴作战不是一件小事，任命霍去病出战，使一些老臣都暗暗为朝廷捏了一把汗，他们心想，霍去病前番出战，虽然获胜，但不够持重，未免冒险。威名赫赫的卫青还要有许多大将帮着才能取胜，霍去病论年龄才刚刚 20 岁；论资历远不及卫青和其他抗击匈奴的将领；论兵力，只有 1 万人，仅是前几次出击匈奴兵力的十分之一甚至几十分之一。以这样的情况，皇帝怎么敢让他孤军深入大漠呢？其实，汉武帝自有汉武帝的想法，他成竹在胸，主意已定，虽然看出了老臣们的忧虑，却只是微微一笑，并不垂询。只是在霍去病出发不久，另派出张骞和李广两位将军，出军右北平击敌，以牵制敌人。

霍去病出发了，他率军一路疾进，越过焉支山（今甘肃省山丹县东南），深入千余里，终于找到了匈奴大队。他勇敢地与匈奴大军短兵相接，在皋兰山（今甘肃临夏附近）下与敌人展开鏖战，歼敌18000 余人，杀死了两名重要的匈奴首领，活捉了昆邪王的太子、相国和都尉，连匈奴休屠王祭天用的金佛像也成了战利品。紧接着，他又指挥军队第二次出击，孤军直插祁连山（今甘肃张掖西南），与匈奴大军会战。这一仗，竟俘虏匈奴王 50 名，王母、阏式（王后）、王子共 59 人，相国、都尉等 63 人，斩杀敌兵 3 万余人，虏获财物不可计数。这是汉兵对匈奴最深重的一次打击，经过这一战，匈奴被迫放弃了焉支山和祁连山这两道天然屏障。他们悲哀地唱道：

　　　　亡我焉支山，使我六畜不蕃息。
　　　　失我祁连山，使我妇女无颜色！

霍去病胜利凯旋，武帝非常高兴，认为他年轻有为，决定让他去学习《孙吴兵法》。霍去病说："为将须随时运谋，何必定拘于古法呢？"武帝并不强迫他，便又要为他修建府第。霍去病仍然没有答应，他严肃而又动情地辞谢说："匈奴未灭，何以家为！"话虽不多，但充分表现了这位年轻将领以国为家的忠勇精神，武帝很感动，对他更加信任和倚重了。

而后，霍去病与大将卫青等再次受命，各率军 5 万人，分两路打击匈奴。霍去病领兵出塞 2000 余里，与匈奴左贤王接战，捉获王 3 人，将军等官员 83 人，捕斩敌军 7 万多，穷追残敌直至瀚海。另一路军亦获大胜，打得匈奴头子伊稚斜单子只带数百名残兵落荒而逃。匈奴遭到这次重创以后，只好远迁汉北。长安边境人民，从此过上了一个时期的安定生活。另外，通往西域各国的道路也打通了，西域各国纷纷派使者带着当地的特产前来通好，不但加深了汉朝同各国各民族的友谊，而且由于互通有无，互相学习，也促进了各国文化与生产的发展。

赤胆忠心，苏武牧羊

公元前100年，汉武帝正要派兵讨伐北方的匈奴，忽报匈奴鞮侯单于已把过去拘留的汉朝使者全部放回来了，并奉书求和。武帝听了报告，接见了使者，又看了来书，见匈奴使者和来书均谦卑有礼，不禁欢喜起来，心想连年用兵，已使国库空虚，现在如果能同匈奴修好，的确是一件好事。于是，他下令释放汉朝拘留的匈奴来使，任命中郎将苏武为使送归。另外还特地修书一封，连同大量金银财物，令苏武一并带给匈奴单于，以表示修和结好的诚意。

岂料鞮侯单于并不是真心同汉朝和好，送回汉使，自称儿辈，只是缓兵之计。他见汉天子派苏武送归使者，厚赠金银，认为武帝中了他的奸计，更加骄傲起来。苏武看穿了单于的真相，心想先不露声色，待返回汉朝再启奏皇上不晚。谁知，却偏偏发生了意外。

原来，在苏武出使前，汉使卫律背叛朝廷投降了匈奴。他手下有个叫虞常的人，表面投降了，但内心却在等待时机，希望能立得功劳，重返汉邦。正好苏武一行到了匈奴，虞常便去拜访他熟识的副使张胜，对他说愿意杀掉卫律。张胜并不和苏武商量，擅自表示同意，遂送他许多财帛。不料机密泄露，虞常被捉。张胜害怕了，这才把事情经过告诉苏武。这时，虞常受刑不过，招出了张胜。单于听了大怒，立刻命令卫律召苏武受审。苏武叹道："辱没了国家使命，还有何面目复归汉朝？"拔出佩剑，便向自己的脖子抹去。卫律大吃一惊，慌忙上前抱住，此时苏武已血流满身，卫律命令左右，快马加鞭速去找医生。经过医生长时间抢救，苏武终于苏醒过来。单于非常佩服苏武的气节，早晚都派人去问候他，暗地里却打起了招降他的主意。

苏武的伤刚好，单于就派卫律通知他参加判处虞常的事，打算趁机迫令他投降。卫律当场宣告虞常死罪，并把他斩首。接着对张胜说："汉使张胜谋杀单于大臣，本应处死，不过，如若投降，尚可免死！"说罢便向张胜举起了宝剑。贪生怕死的张胜连说愿降，做了可耻的叛徒。卫律冷笑着瞅瞅苏武，厉声喝道："剐使有罪，苏君理应连坐！"苏武正色回答说："我本来就没有和他们同谋，又不是他们的亲戚，如何谈得上连坐？"卫律拔出宝剑直逼苏武，苏武把头一昂，毫不动容。在大义凛然的苏武面前，卫律的手反倒抖了起来，他忙把剑缩了回去，一改怒容，和颜悦色地说："苏君，我卫律自从归顺匈奴，深得单于恩宠，不但受封为王，拥有奴隶数万，而且牛羊牲畜漫山遍野。苏君今日若肯降服，明日就可以与我一样。以血肉去滋润旷野，又有谁会知道你呢？"苏武听了，眼皮都没抬一下。卫律又说："苏君若归降过来，我愿与君结为兄弟，若不听我劝，恐不能再见我面了。"苏武听到这里，不禁勃然大怒，站起身来，直指着卫律斥骂道："卫律，你曾为汉朝臣子，如今忘恩负义，叛国离亲，甘心降敌，我要见你做什么？"一席话把卫律骂得哑口无言。

单于没有办法，便下令把苏武禁闭在一个大地窖里，不给饭吃，不给水喝。苏武躺在地窖里，不由思绪万千，他想起汉皇给自己的使命，想起了家中的妻儿老母，想起了那雄伟壮观的长安城……他越来越感到饥饿难忍，但地窖里除了一块破毡之外，什么东西也没有。实在饿极了，他就撕块破毡放进嘴里，再把手伸向门外，抓回一把雪来，就和着雪把毡吞下去……就这样一连过了许多天，竟然没有饿死。迷信的单于以为神灵在保佑苏武，不敢杀害他，便把他流放到北海那荒无人烟的地方，给他一群公羊让他放牧，说等到公羊下了小羊，才准许他回国。

在荒无人烟、茫无边际的北海草原上，要生存是极其艰难的。没有粮食，苏武就挖野菜、捉老鼠充饥。他早已把生死置之度外，却始终手持着汉武帝送给他的使节，无论白天放羊还是晚上睡觉，这使节从来没有离开过他。就这样，一连过去了19年。这19年来，虽然单于多次派人劝降，但他矢志不移，他说："我不能对不起皇上，不能对不起祖宗，不能对不起父母之邦。"他经常孑然一人，怀抱着旌节，凝神南望，心中反复地重复着自己的信念："总有一天，

我会举着这使节重返故国的!"

终于，这一天被他等到了。汉武帝死了以后，汉昭帝继位当了皇帝，经过几年努力，汉朝终于与匈奴恢复了和好关系。汉朝要求匈奴归还苏武，匈奴单于撒谎说："苏武已经病死了。"后来，汉朝使者到匈奴去，让当年坚决不降、被罚做苦工的副使常惠听说了，他设法见到了汉使，细述了详情，并同使者一起商量好了救出苏武的计策。第二天，汉使又去见单于假说皇帝打猎的时候，射下一只雁来，雁腿上缚着苏武书信，说他正被流放在北海。因而天子要求单于立刻放苏武回来。单于终于无话可说了，只好下令放出了苏武。在汉使的坚持下，常惠等人也都获得了释放。

忠心不移的苏武终于回来了，长安人民听到消息后，都自动拥到大街上迎接。当年苏武出国时年方 40，现在已步履蹒跚；当年跟随他出使的共有一百余众，于今生还者只有 9 人。人们望着须发尽白的苏武手执光秃秃的使节，带领着饱经磨难的同伴们一步步走来的时候，无不感动得热泪滚滚。

苏武拜见汉昭帝，交还使节。年轻的昭帝手抚使节，听着苏武的叙述，眼泪禁不住扑簌簌掉下来，大臣们没有一个不流泪的，人们被苏武和他的同伴们深深地感动了。

苏武牧羊的故事，虽已过去 2000 多年了，却一直在民间流传；苏武那不屈不挠、爱国报国的赤胆忠心，永久地留在了中华民族的史册中。

统一事业，诚意和平

1927 年初，张治中眼看国共两党关系日趋恶化，国共合作即将破裂，他既不愿反共，也不愿反蒋，心情十分苦闷。于是，张治中辞职前往欧美考察。在国外，他看到西方的现代化建设，羡慕不已。心想：我的祖国什么时候也能实现工业现代化，达到欧美的先进水平呢！同时，白种人对中国人的歧视使他感到愤愤不平，他立志要为中国的和平、统一事业贡献自己的毕生力量，使中国人能扬眉吐气于国际舞台之上，跻身于先进民族之林。

张治中回国后，被蒋介石任命为国民党军事委员会军政厅厅长。3 个月后，他不满蒋介石的"剿共"政策并想避免直接参与反共战争，于是从 1928 年秋到 1937 年春，他到国民党的军官学校任教，度过了漫长的 10 年军事教育生涯。

抗战爆发后，国共两党实现了第二次合作，建立了抗日民族统一战线。1939 年初，张治中到重庆接任国民党军事委员会委员长侍从室第一处主任，后又调任国民党军委会政治部部长。这期间，张治中和周恩来、郭沫若过从甚密。还在政治部内设置了一个文化工作委员会，请郭沫若主持，委员中有不少左派的著名人士，如沈雁冰、阳翰笙、冯乃超等人。

蒋介石虽然在口头上表示要共同抗战，但在暗地里却仍然执行"先安内，后攘外"的反共政策，时刻不忘消灭共产党领导的抗日武装力量，受到我党的坚决反击。1942 年，蒋介石委派张治中担任国民党商谈代表。他和我党谈判代表周恩来、董必武、叶剑英在重庆谈了 8 个月，双方达成有关抗日合作的 4 条协议。但蒋介石根本不愿给共产党以合法地位，商谈便告失败。抗日战争的最后几年，张治中一直与共产党代表周恩来、林祖涵等反复商谈，为国共合作抗日做了不少有益的工作。

抗战胜利后，为了避免国共内战，张治中积极活动，主张和平解决国内问题。当时，国民党军队远在西南、西北，来不及运到内战前线，同时全国人民要求和平建国。于是，蒋介石一方面加紧内战准备，同时玩弄和平阴谋，他派张治中偕同美国特使赫尔利到延安迎接毛泽东来重庆谈判。1945 年 8 月 28 日，张治中和赫尔利陪同毛泽东来到延安机场，他看到了毛泽东和送行群众挥手告别的动人场面，认为这正是国民党不可企及的地方。马达轰鸣，飞机直上蓝天。在机舱内，毛泽东同志和张治中交谈得非常融洽。由于共产党的努力和民主人士的声援，终于迫使蒋介石同我党达成协议。10 月 8 日，张治中借军委会礼堂举行宴会，宴请毛泽东和共产党的其他代表。10 月 10 日午后，在张治中家的客厅里签署了著名的"双十协定"。在一次非正式场合，毛泽东紧紧握住张治中的手，赞扬他为和平奔走的诚意。

张治中返回重庆不久，蒋介石继秘密颁发"剿匪手本"以后又召开军事会议，发动内战。当时，获悉此事的张治中正在新疆解决"伊宁事件"，他立即写了一封万言书劝说蒋介石不要继续内战。美蒋反动派在政治上军事上失败以后，感到发动内战时机尚未成熟，于是又玩弄新的政治欺骗。不久，马歇尔作为美国总统杜鲁门的特使到中国"调处"。张治中又回到重庆和共产党代表周恩来谈判停战问题。1946 年 1 月 10 日正式签订停战协定后，由周恩来、张治中和马歇尔组成"三人小组"，以监督停战协定的执行。

蒋介石于 1947 年，全面发动内战。张治中为躲避现实，到苏州、杭州、上海、台湾游览。旅途中，他想到人民和国家的艰难情况，百感交集。

1948 年底，继辽沈战役以后，淮海战场黄伯韬兵团、邱清泉兵团、黄维兵团、孙元良兵团相继全军覆灭。为了摆脱困境，蒋介石被迫于 1949 年 1 月 21 日"引退"，继续在幕后操纵。1949 年 1 月 31 日，北平和平解放。同年 4 月 1 日，张治中以南京政府和谈首席代表的身份，赴北平谈判。经过 13 天的谈判，4 月 13 日双方就《国内和平协定》取得了一致的意见。但是，南京方面拒绝接受，并要张治中回南京复命。

4月21日，毛泽东主席和朱德总司令发布命令进军江南，人民解放军百万雄师渡过长江。周恩来去看望张治中，劝张治中留下，他恳切地说，西安事变时我们已经对不起一个姓张的朋友，今天再不能对不起你了！张治中深受感动，决定暂留北平。这时期，毛泽东曾多次和张治中谈话，鼓励他开始新的人生历程。建国后，张治中曾任全国人大常委会副委员长、国防委员会副主席等职。他于1969年4月6日在北京病逝。

中国人民永远怀念这位精诚为和平奔走的爱国人士张治中。

第三章　民惟邦本，何莫由忠

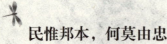

民惟邦本，何莫由忠

民可近，不可下；民惟邦本，本固邦宁。

——《尚书·五子之歌》

[题解] 民众可以亲近，不可因卑贱而轻视他们；民众是国家的根本，根基稳固则国家安宁。

民众是社会历史的创造者，是国家社稷的根本，执政者只有关注民众的忧乐，切实做到利为民所谋、权为民所用、情为民所系，国家才会长治久安。

叔向问晏子曰："意孰为高？行孰为厚？"对曰："意莫高于爱民，行莫厚于乐民。"又问曰："意孰为下？行孰为贱？"对曰："意莫下于刻民，行莫贱于害身也。"

——《晏子春秋·内篇问下》

[题解] 叔向问晏子道："什么样的品德是最高尚的？什么样的行为是最敦厚的？"晏子答道："没有比爱护人民更高尚的品德，没有比使百姓安乐更厚道的行为。"叔向又问道："什么样的思想最低下？什么样的行为最卑贱？"晏子答道："没有比刻剥人民更低下的思想，没有比坑害百姓更卑贱的行为。"

人民是爱国的主体，也是爱国的对象。人民群众是社会历史的创造者，爱国自然应该包括爱人民。最高的德行是爱护人民，最好的行为是使百姓快乐。春秋齐国大夫晏婴的话至今仍然掷地有声。

为国之本，何莫由忠？忠能固君臣，安社稷，感天地，动神明，而况于人乎？夫忠，兴于身，著于家，成于国，其行一焉。

——（东汉）马融《忠经》

［题解］治理国家的根本，难道不是忠诚吗？忠能巩固君臣关系，使国家安定，感动天地、神明，更何况对于人呢？忠诚使自身振作，使家庭显达，使国家成功。无论是对个人，还是对家庭、国家，忠的行为都是一致的。

忠是尽心竭力、专一无他地对人对物的态度，更指对集体和组织的竭诚尽力。忠于祖国是国民的一种崇高情感与信仰。

高尚医德，华佗行医

东汉末年三国时期的名医华佗，字元化，又名旉，谯县（今安徽亳县）人，与著名政治家、军事家曹操是同乡。生卒年无可考，但其行医事迹，在《后汉书》《三国志》两部正史中确有记载，其间虽不乏神奇色彩，却表现出华佗为人正直、不慕功名、愿在民间从医的精神，和他那种医道娴熟、长于诊断、善于治疗、精益求精的高尚医德。

华佗幼年便立志从医。他天资聪慧，勤勉善学，曾在徐州一带游历求学拜师访友，受过系统的医道训练。由于他精通典籍、学识出众，被沛国相陈圭荐举为孝廉。一些官员也重其才拟聘他为幕僚，均婉言谢绝。由于华佗专攻医道，在内外科、妇科、小儿科及针灸等方面样样精通，大有手到病除、起死回生之妙，被人民誉为"神医"。

华佗一生行医的宗旨是，救死扶伤，为人民解除疾病之苦。他不管是被人请去就诊，还是在家中、在路上、在民间和官府，上至太祖，下至平民百姓，他都遵照从医为人民的思想，一视同仁，有求必应，尽到了医生的职责。这主要体现在华佗在民间从医的实践活动中。

华佗的诊断"切脉精绝，断病如神"。一位妇女怀胎6个月，腹痛不得安宁，请华佗诊视。他看了脉象诊断说，你是怀孕期间受了伤，胎儿已经死在腹中。并让人用手探摸胎儿的位置，在左边的是男婴，在右边的是女婴。摸者告诉他在左边，华佗立即配药为之打胎，果然打下来的一个男婴形的死胎，这位妇女的病也就痊愈了。有个叫顿子献的人得病已经好了，怕再犯，便请华佗复诊，华佗切完脉告诫病人，"你的身体还很虚弱，没有复原，不要做过于劳累的事，如果行房交媾，那就会危及生命，临死还要吐出舌头数寸长。"顿子献的妻子听说丈夫的病已经好了便从百里之外赶来探望他。到了夜晚两人果真交接，结果只过 3 天就发病而死，同华佗所说的一模一样。

华佗的从医态度是"对症施治，灵活多变"。郡府中的官吏倪寻、李延一块来找华佗看病，两人都是头疼发热，所感觉的病完全一样。华佗说：倪寻应当用下泻药，李延应当发汗。"当时有人提出疑问为什么同病而治疗方法不同。华佗说："倪寻的身体外实内虚，李延的身体内实外虚，所以治疗他们应用不同的方法。"随即给两人不同的药，次日早晨两人的病都好了。又有一位太守患病，华佗看过后认为，这个人大怒一场病就会好。于是他采取了对症施治的激将法，要了病人许多钱却不给他治病，临走时还留下一封信大骂这太守，郡太守勃然大怒，下令把华佗捉回来杀掉。郡太守儿子深知华佗的真实用意，嘱咐手下人不要追赶。郡太守愤怒到了极点，吐了几升黑血，病就全好了。

华佗的医术"精通外科，手到病除"。一次，一个腹痛非常厉害的患者被送到华佗家里。华佗为病人诊过脉，又按按肚子，断定病人患的是肠痈（即阑尾炎）。华佗认为病很重，靠针灸和药物是不行的，非开刀不可，于是便给病人服了自制的"麻沸汤"进行麻醉，立刻手术，割去了阑尾，用丝线缝合后，再敷上一种称作"神膏"的药，过了几大，病人的伤口完全愈合，一个月后，恢复了健康。又有一次，来了一位病人，肚子像刀切似的疼，已经 10 多天了，连胡子和眉毛也脱落了。华佗看过后认为，他的脾脏部位有一串已经腐烂，应该剖腹治疗。于是动了手术，割去了烂肉，用药膏敷上伤口，吃了些汤药，过了百天，这个病人也恢复如常。

华佗的针灸手法娴熟，奏效奇特。太祖曹操得了名叫"偏头风"的头疼病，每当发作，心乱眼花，坐立不安。便征召华佗为身边"侍医"。每当曹操头疼，华佗就用针扎膈腧穴位，为他针刺治疗，结果手到病除，一针见效。督邮徐毅得了病，华佗前去看病。徐毅对华佗说："昨天叫医曹吏刘租在胃管扎针后，便不时咳嗽感到难受，想睡也睡不好。"华佗断定说："针没有扎到胃管，却错扎到肝上，这样饮食会一天天减少，五天后就死无可救了。"结果同华佗说的一样。

华佗不仅热心从医，还积极倡导"预防为主，注重保健"的思想。他认为，单纯用药物治疗，不能确保人们的身体健康，只有锻炼身体，增强体质，才能收到预防和辅助治疗疾病的良好效果。由于华佗自己注重保健，锻炼身体，所以，年近百岁保持着壮年人的身心，身板特别硬朗，到处行医看病。他经常教导学生说，人要经常运动，但不要过度。运动能使食物容易消化，血脉流通，病不得生，就像"户枢不朽"的道理一样。同时，华佗还模仿虎、鹿、熊、猿、鸟5种动物的动作，创造了一种名叫"五禽之戏"的体育锻炼法，用以增强人们的体质。据说他的学生吴普用华佗的"五禽之戏"锻炼身体，体质非常健康，活到90多岁，还耳不聋，眼不花，牙齿也很坚固。华佗的"五禽之戏"一直流传到现在，是我国气功中"动功"的重要组成部分，对于增进人民的健康，仍然发挥着重要作用。今天，我国人民继承和发扬了华佗"圣人不治已病，治未病"的以预防为主的思想，以严肃科学的态度，高速度地发展着我国的医疗保健事业。

华佗从医的可贵之处，还表现在他"辞御医留民间，死前献书表心愿"的高风亮节上。华佗留在曹操之处，成为王公贵族的保健医生，论条件和待遇，应该说是优厚的，但华佗一心想着的是人民患病之疾苦，因此，假借妻子有病而离开曹府，竟一去不返。曹操见多次征召不回，大发雷霆，派人捉拿华佗关进许昌大狱。最后下令杀掉华佗。临行前，华佗将自己用几十年所积累的经验撰写出的一部医著，交给了狱卒，想为后人传下自己的技业。而狱卒生怕因此而获罪，不敢接受。华佗怀着无比的忧愤和痛苦的心情，含泪将医书投入火中焚烧。书虽化为灰烬，但千余年来，华佗这种无私奉献的精神却一直受到人们的赞颂。

华佗的一生，是从医奉献的一生。他的足迹遍布江苏、山东、河南、安徽等地。人民永远怀念着"神医"，至今还在民间流传着不少关于华祖的传说。为了纪念他，古人在徐州建了华佗墓，在安徽修了华祖庙，两座古建筑物，至今保存完好，供人们敬仰、悼念。华佗在人民心中，是一位永远值得纪念的"神医"。华佗为人民从医的崇高医德永垂青史。

舍身为国，智勇突围

东晋时期，有个小女孩叫灌娘，她的父亲是襄城守将荀崧。灌娘很小的时候就很有志气。她想，自己虽然是个女孩，但当国家需要的时候，我也要冲锋陷阵。因此，她经常缠着爹爹学武艺。

有一年，背叛了朝廷的杜曾，突然领着大队人马向襄城展开了进攻。当时，襄城守军很少，面对数倍于己的敌人，荀崧下令坚守。敌人攻不下襄城，就把襄城团团包围起来，企图以围取胜。就这样，几个月过去了。城里的粮食越来越少，煮饭的柴草也不多了，而敌人却没有撤退的意思，情况万分紧急。

荀崧召集部下商量对策，大家都以为唯一的办法就是派人突围，向驻扎在离这里最近的平南将军求救。但是具体派谁去担当这一重任呢？望着里三层外三层的叛军，众将领谁都不敢吱声。

就在大家面面相觑的时候，13岁的荀灌娘站了出来，自告奋勇去请救兵。她怕别人不信任她，还当众讲出了自己智突重围的计划。计划讲得头头是道，竟说得大家连连点头。荀崧对女儿的勇敢和才智惊喜万分，然而考虑到她年纪太小，仍然感到派她去很不放心。灌娘看出了父亲的心思，便对父亲说："父亲不必担忧，女儿会处处小心的。现在当务之急是快把信送出去，要是耽误了，全城百姓都会性命难保啊！"

听了女儿的一番话，荀崧大为感动。他终于下了决心，答应了女儿的要求，还亲自挑选了几十名勇士，让他们跟随灌娘行动。

当天夜里，月黑云低。荀灌娘辞别了父亲，于半夜时分率领勇士们悄悄翻越城墙，准备伺机突围。谁知，其中一名勇士不小心弄出了响声，响声惊动了敌人。敌人营中立刻锣鼓齐鸣，敌兵敌将蜂拥般追杀过来。危急关头，荀灌娘沉着冷静，指挥着勇士们边战边走。有一个敌人骑兵冲杀过来，只见灌娘弯弓搭箭，一箭将敌兵射下马去，她迅速飞身跃上了敌人的战马。勇士们也纷纷学着灌娘的样子，拼力搏击，杀敌夺马。不一会工夫，灌娘率领的勇士们就变成了一支骑兵。只听灌娘一声号令，勇士们突然撇开了与之厮杀的敌军，举箭催马飞驰而去，一口气跑到了平南将军的驻地。

平南将军石览对灌娘一行敢于舍身为国、智勇突围的精神和行动，既佩服又感动，立即号令三军，出兵援救襄城。

叛军打探到了消息，十分吃惊，赶紧撤出围城部队，连夜仓皇逃走了。

襄城的危机解除了，全城军民一片欢腾，在庆祝守城胜利的时刻，人们连连称赞这位智勇双全的小英雄——荀灌娘。

民族融合，孝文改革

中国有 56 个民族。在历史上，各民族之间并不是界限固定不变的，而是相互不断融合的。

进入 20 世纪的第一个春天，人们在河西走廊的鸣沙山莫高窟石室发现了一批书，这批被称为"敦煌遗书"的文献中有这么一首诗，大意是，你我两个好比泥人，将两个泥人一齐打破，仍用这堆泥再捏一个你，再捏一个我，到那时候，你泥中有我，我泥中有你。这句"你泥中有我，我泥中有你"正是中华民族大发展、大融合的绝妙写照。

漫漫历史长河中，不仅汉族统治者和汉族人民为民族融合做出了努力，少数民族统治者中一些有作为的政治家，也在客观上为民族融合做出了贡献。其中著名的有鲜卑族的北魏孝文帝拓跋宏（在位时间：公元 471—499 年）。鲜卑族在三国时代还处在原始社会末期，他们在中原地区取得政权后，开始了封建化的过程。鲜卑贵族在生活上要求得到较高的物质享受，在文化上也乐于吸取文明较高的汉族文化。当时，他们和汉族有矛盾的一面，但是在经济上封建化的客观现实，又使他们和汉族有融合的一面。北魏孝文帝认真地分析了这一形势，为了适应这一历史发展的必然趋势，为了加强对中原地区的统治，消除鲜卑族与汉族之间的隔阂，他拉拢汉族贵族阶层，主动接受和吸取汉族文化的长处，通过迁都洛阳和汉化政策等具体举措，大大加快了黄河流域民族融合的步伐。

北魏都城原址是偏北的平城（今山西省大同市）。孝文帝为了更快地接受封建文化，决心把都城迁到洛阳。开始，这一决定遭到许多鲜卑贵族的强烈反对。孝文帝一一找这些贵族谈话，争取了他们对迁都的拥护。公元 493 年，孝文帝以"南伐"为名，发兵 20 万向洛阳进军。大军到洛阳后，他表示还要南进，群臣一看远离故土都纷纷跪下，请求不要再南进了。这时，孝文帝讲，你们既然不想"南伐"，那么就必须按我的旨意做——迁都洛阳。同时，孝文帝下令说，愿意迁都的站在右边，不想迁的站在左边。这时，所有随军贵族、官员都纷纷站到了右边。孝文帝高兴地勒住马宣布不"南伐"了，定都洛阳！

　　不久，洛阳城花团似锦，各族人民一片祥和。孝文帝下令，鲜卑人改穿汉人服装，学讲汉话，并把鲜卑姓改为汉姓。如孝文帝自己姓拓跋，改为姓元，所以史书上记载拓跋宏也为元宏，还有把鲜卑姓独孤改汉姓为刘等等。他还以法令形式告知天下，要改革鲜卑族一些旧的风俗习惯，学习汉族歌舞、诗赋等先进文化，禁止鲜卑族同姓通婚，鼓励鲜卑族和汉人结婚，他还娶汉族大姓为后宫，以示提倡。在土地田亩制度、政权统治等许多方面，孝文帝都采用汉族的一套封建制度。这些措施，扩大了他的统治基础，争取了汉族士族阶层对北魏统治的有力支持。但是，改革之路并非一帆风顺，这些措施也遭到了少数鲜卑族顽固贵族的反对。一些怀旧势力还策划太子拓跋恂发动叛乱，来推翻孝文帝的统治，以此来反对孝文帝的汉化政策。孝文帝得到消息后，不但罢了一些鲜卑怀旧贵族的官，还把太子恂囚禁起来，直到废为平民。一些贵族多次在平城起兵，阴谋自立一国，也多次被孝文帝严厉地镇压下去。之后，各项改革措施逐渐推行下去并得以实施，大见成效，给北魏政权稳定和社会发展带来了一些兴旺景象。

　　北魏孝文帝的开化改革，使北方各族在经济、文化、风俗、习惯上渐趋一致，为华夏各族大融合奠定了坚实的基础。

 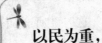

以民为重，太宗示范

公元 627 年，唐朝开国皇帝李渊的次子李世民接替父亲登上了皇位。

当时的唐朝，因连年的战乱，使社会经济生活遭到严重的破坏。黄河以北许多地方，旷野千里不见人烟；江淮之间，田地里到处长满野草。全国人口只有 300 万户，只及隋朝极盛时人口的五分之一。庞大的军队，众多的官员，只能靠苛捐杂税维持。老百姓受不了，只好弃地逃亡，流浪他乡。土地荒芜太多，又造成了粮食奇缺，长安粮价最贵时，一匹绢才能换到一斗米。

如何使国家摆脱危机？李世民冥思苦想，逐渐悟出了"民为邦本"的道理。他对大臣们说："君主依靠国家，国家依靠百姓，靠剥削百姓来侍奉君主，等于割自己的肉充饥。""人君的灾祸，不是从外面来，总是自己造成的，人君贪欲太多就要多费财物，多费财物就要多加重税收，税收加重了百姓愁苦，百姓愁苦国家就危险。""治国好比种树，树根牢固，树叶就茂盛了。所以，为君之道，必须先存百姓。"于是，他听从大臣魏征的意见，采取了一系列利国利民的措施：

第一是减轻赋税。对山东等一些受灾严重的地方，甚至免税一年。个别地区，他还安排救济饥民。

第二是大力兴修水利，促进农业生产。

第三是想方设法增加人口。他派使者与突厥谈判，让其归还掳去的中原百姓；同时下令释放长期被关在宫中伺候皇上的宫女 3000 人。另外，还规定凡是到了一定年龄未成家的男女青年，由州、县官帮助他们及时结婚。

第四是尽力克制自己的欲望。他提倡节俭，反对奢侈浪费，不但自己住在前朝留下来的旧宫殿里，而且还规定了王公以下的住宅、车服、婚嫁等的标准，不准任何人超越规格。

第五是认真贯彻父亲李渊制定的均田制，实行计口授田，规定每个男丁应有田 30 亩，努力使老百姓有田种，有饭吃。

为了提高农业生产，他不但组织委派官员到各地"劝课农桑"，而且还亲自在宫廷后面开了几亩地，带头种起了庄稼，他的妻子长孙皇后见皇帝在"躬耕"，便也立即组织起后宫的妃子、宫女，学农村妇女的样子，养起蚕来。皇帝和皇后的行动，不但对当时农业生产的恢复和发展起到了较好的推动作用，而且通过亲身对劳动的体验，也使他们真正体会到了农业生产的辛苦，在一定程度上缩短了同劳动人民感情上的距离。有一次，李世民对即将分赴各地"劝农"的使者说："我才试种了几亩地，就感到很疲乏。我想，农夫种田几十亩，终年不息，他们就更加辛苦了。所以你们到州县去，一定要亲自到田头垅间去看看，不得叫人迎送。如果送往迎来，误了农时，这样的劝农还不如不去。"作为一个封建帝王，如果没有亲身的劳动实践，是说不出这番话的。

李世民登基当太宗皇帝的这一年八月，夏天的酷暑还没有消去，连绵的秋雨就接着来了。过去他在战斗中多次负伤，每逢阴雨天气，伤处就隐隐作痛。有的大臣提议建一座高而干燥的新宫殿，让皇帝避潮湿。李世民也希望改换一下住所的环境，当时也就同意了。可事后他找了几个工匠计算了一下耗费，需要花不少的钱。李世民犹豫了，他想，战争刚刚结束不久，国库十分空虚，为了自己舒服，花这么多钱值得吗？他联想起汉文帝的故事来。当年汉文帝曾打算建一座露台，后来听说要花费 100 斤黄金，就舍不得了，认为"一百斤黄金相当于十户中等人家的财产"，不想劳民伤财，就把那个项目停了。李世民对建议修殿的大臣说："我的功德不如汉文帝，但修殿耗费却超过了一百斤金子，这件事还是不要办了！"

由于李世民采取了许多有利于生产、造福于人民的措施，加之他本人能够亲自以身示范，以民为重，爱护民力，满目疮痍的中国大地，慢慢地复苏起来，并以较快的速度得以发展，终于达到了唐代政治、经济的高峰，那就是历史学家们津津乐道的"贞观之治"。

视死如归，张巡拒叛

　　张巡原是唐玄宗时的真源（今河南鹿邑）县令。安禄山叛变以后，他的上司谯郡太守杨万石投降了安禄山，逼他为长史，命令他带领千余人去迎接叛军。

　　张巡带兵路过雍丘（今河南杞县），当时的雍丘县令也已投降了敌人，因押送囚俘外出未归。这使暗暗立下舍身报国决心的张巡终于等到了机会，他立即率军袭取了雍丘。

　　得知此消息后，雍丘县令令狐潮勾结叛军回来夺城。叛军4万多人，把个小小的县城团团围住，连续攻打，形势十分危急。但张巡却不惊慌，他一面用保国保民的大义激励将士，一面沉着冷静，严密防守，竟成功地把4万余敌军拒于城外，无法攻进一步。几天过去了，城中的箭用完了。张巡就让城中军民扎了1000个草人，给草人披上黑色的衣服，用绳子绑住，夜间从城上缒下。叛军发觉了，以为是官军偷袭，一时万箭齐发，纷纷向草人射去。等到叛军发现上了当的时候，草人已被收回城上去了。这一次得箭数十万支。过了几天，张巡命令把城上的草人再缒下去。叛军上了一次当，这次便不肯再射，还嘻嘻哈哈地向城上笑骂。张巡见敌人麻痹，便动员了500名敢死壮士，趁一个漆黑的夜晚，缒下城去，以迅猛的声威，突然杀入叛军营中。叛军毫无准备，一时间大乱，许多帐幕被烧毁，许多敌军被杀，败退出十几里才站住脚。等到叛军缓过神来的时候，张巡派出的500名官军，早已安全返回城中。

　　4个月来，城中以千余守军抵抗4万敌人的攻打，不但县城岿然不动，而且还连连打了几次胜仗，最后令狐潮不得不撤围而去。随后附近的州县先后都沦入叛军之手，叛军又去攻打睢阳（今河南商丘），睢阳太守许远抵御不住，派人向张巡求救。张巡考虑到睢阳地势险要，又在运河中段，是江淮一带的屏障，地位比雍丘重要得多，所以便率领部下，沿运河向睢阳转移。这时他的队伍已扩大到3000人，经过宁陵（今河南宁陵）的时候，遇到叛军杨朝宗，张巡率麾下大将雷万春、南霁云等身先士卒，攻入叛军阵中，左冲右突，拼命冲杀，他的一口大刀，所向披靡，敌军碰到的，非死即伤。将士们越战越勇，直打得叛军大败而逃，死伤1万多人，尸体扔到汴水里，竟把河水都堵住了不能流淌。张巡终于赶到睢阳，实现了跟许远的会合。

不久，朝廷下诏，拜张巡为主客郎中（礼部官员）兼河南副节度使。许远主动把军务全部交给张巡主持，自己全力负责粮饷工作。张巡和许远的团结对敌，导致了官军上下一心，士气大振，共同坚守着这座重城。朝廷对他们的指挥很满意，又一次下诏，拜张巡为御史中丞，许远为侍御史。

后来，长安失陷了。由于睢阳像一颗钉子一样，横插在叛军地盘里，影响了叛军向唐军的行动计划。所以安禄山的儿子安庆绪于唐肃宗至德二年（757年）正月，派大将尹子奇率兵13万来攻睢阳。

睢阳守军只有6800人，两军对比是1∶20。但是，由于张巡善于守御，加之全军上下，同仇敌忾，所以士气极高。双方昼夜苦战，攻城的叛军遭受了重大伤亡，16天中竟损失战将60人，士兵2万多。

由于屡战不胜，尹子奇便采取了增兵围困的策略。他先后调动了20余万人，把睢阳城围得水泄不通，守军坚守了几个月，城中的粮食没有了，张巡派南霁云杀出重围，向附近的唐将贺兰进明求救。但贺兰进明等人为了保存自己的实力，又嫉妒张巡的声威，竟然观望不救。贺兰进明在一座大庙里设宴款待南霁云，想把他留下。南霁云想起主帅张巡等的艰危处境，流着泪说："城中将士已一月无食，我不忍独享。"说着拔出佩刀，斩下一指，然后骑马而去。座中陪饮的将士全都被感动得流下了眼泪。出门的时候，南霁云回马一箭，射向庙门的佛塔，愤愤地说："我破贼回来，必灭贺兰进明！"

求救无望，面对强大的敌人，张巡和将士们没有动摇，他们约定，就是饿死、战死，也决不向叛军屈服。他们把一切可吃的东西都吃光了，甚至把甲胄上的皮革也煮了充饥，最后饿得都站不起来了。但将士和居民们坚守睢阳的士气丝毫不减，站不起来，他们就坐在城上向敌军投掷石块。最后，全城只剩下了 400 人。叛军攻进城的时候，剩下的守军们饿得连武器都举不动了，但是还都怒目斥敌。睢阳兵力微弱，面对数十倍于己的敌人，在内外无援的情况下，经过 10 个月的苦战，终于悲壮地失守了，张巡、南霁云、雷万春、许远等 36 名将领全部遇难。

　　虽然最终没能守住睢阳，但张巡和他的将士们却长期地拖住了数十万叛军，并且消灭敌人数万人，为唐朝整个平叛战局的扭转和国家的重新统一，做出了不可磨灭的贡献。

忧国忧民，杜甫劝吴

唐代宗大历二年（767年），诗人杜甫从夔州（今四川奉节县）瀼西迁居东屯，把他的瀼西草堂让给亲戚吴郎居住。

草堂前有几棵枣树，每年秋天，树上都结满红红的大枣。杜甫居住的时候，他西院的邻居是位贫妇人，由于贫困无着，所以每年都到杜甫的草堂前的枣树上打一些枣，储备起来，以补充食物的不足。杜甫从不阻拦，而且还往往帮助妇人打摘。

可是，吴郎搬进草堂以后，却在草堂前插起了篱笆，防止贫妇人打枣。杜甫知道了，对贫妇人非常同情，随即写了一首诗送给吴郎，劝吴郎别那样做。诗名叫《又呈吴郎》，诗中写道：

> 堂前扑枣任西邻，无食无儿一妇人。
>
> 不为贫困宁有此？只缘恐惧转须亲。
>
> 即防远客虽多事，遍插疏篱却甚真。
>
> 已诉征赋贫到骨，正思戎马泪沾巾。

诗的开头就用急切的语调先提出要求，表现出诗人为贫妇人求情的紧迫心情。第二句设身处地地为贫妇人着想，进一步说明西邻打枣是因为生活贫困，出于无奈。"不为"句问得略带悲愤，"只缘"句再进一层，说不仅不应拒绝她打枣，反而应当对她亲切一些，才能解除她的顾虑，要鼓励她来打枣充饥。五六句采取先抑后扬的手法，先说不相信吴郎会拒绝她打枣，然后才说你吴郎插上篱笆，即使无意，也显得太过于认真了。名为批评妇人多心，实际上是指责吴郎太不大方了。最后两句，再次强调西邻的妇人贫困，说因为租税的追索和盘剥，她已贫困到了极点。写到这里的时候，诗人忽然想到了处于战乱之中的全国人民，像贫妇人那样的人怎么活下去呢？他不禁涌出了眼泪。

　　吴郎读过诗后，深深地被杜甫的精神所感动，也为自己的行为感到内疚，立刻拔掉了防止西邻打枣的篱笆。

　　时刻不忘国家与人民，这就是我国唐代伟大的现实主义诗人杜甫。杜甫的一生，经历了唐王朝由盛转衰的时期，虽然一生郁郁不得志，没能实现他"焉得铸甲作农器""男谷女丝行复歌"的理想。但是，无论在什么情况下，国家和人民在他心中一直占据着首位。面对当时贫富悬殊的差异，他勇敢而沉痛地高呼："朱门酒肉臭，路有冻死骨。"面对被秋风吹破的茅屋，在秋雨萧萧、无处栖身的时候，他首先想到的是"天下寒士……"直到临终，还念念不忘战乱中流离失所的人民，痛苦地长叹："战血流依旧，军声动至今。"他用他的心和他的笔，为国家忧虑了一生，为人民歌哭了一生。他为我们留下了 1400 余首充满真情的诗篇，被后人誉之为"诗圣"。杜甫不仅被尊为"诗圣"，而且也受到了各国人民的尊敬。当他诞生1250 周年（1962 年）的时候，这位伟大的爱国者受到了全世界人民的纪念。

严明军纪，虞侯治军

唐朝大将郭子仪的三儿子郭晞，在巩固唐王朝的战争中也屡立战功，被皇帝封为左散骑常侍之职。

有一次，郭晞率军驻扎在邠州。由于军令不严，营中一些将士仗着他的权势，常常跑出来骚扰百姓，横行街市。当地的节度使白孝德，由于害怕郭子仪父子的权势，不敢出面查究。段秀实过去是白孝德属下的判官，现在已升任泾州刺史，当他听了这件事以后，十分气愤，立即找到白孝德，要求让他兼任节度使署的都虞侯（负责纠察等工作的官员），来处置这件事。白孝德同意了他的请求，他便把州里的公务交给长史代理，而后搬到邠州节度使衙门办公。

有一天，郭晞的 17 个部下，结伙到市上的酒肆里抢酒，不但砸烂了酒肆里的许多工具，而且还刺伤了卖酒的老人。段秀实听到报告后，立刻带领役吏，把闹事的 17 个兵士捉住杀了，将人头挂在大街上示众。

营中的士兵们听说此事后立刻乱哄哄地闹起来，全营的人都披上了盔甲，拿起了武器，准备进攻节度使署。白孝德没有了主意，急忙把段秀实找来问他怎么办？段秀实冷静地说："没什么，我自己去解决这件事。"白孝德要派役吏跟他一起去，段秀实不同意，只找了一匹老马骑上，让一个年老腿瘸的马夫牵着，慢腾腾地来到军营。军营中士兵们一拥而出，段秀实却笑着说："杀我这样一个老卒，何必戴盔披甲，何必那样的气势汹汹！我不是戴着我的头来了吗？"士兵们一时都愣住了。段秀实跳下马来，严肃地对士兵们说："常侍（指郭晞）有什么地方对不住你们？副元帅（指郭子仪）有什么地方对不住你们？"士兵们听他这一问，更愣住了。段秀实接着说："你们要杀官造反，岂不是想害郭家吗？"

　　这时郭晞得信从营中赶来。段秀实严肃地责备他说："副元帅功勋盖天地，应该全始全终。常侍你放纵士卒扰害百姓，如今又成群结队，披甲执兵，不是作乱又是干什么？你们这样干，恐怕罪名要落到副元帅身上了。常侍你不想一想你郭家的功名吗？"郭晞听后，不禁汗流浃背，对段秀实下拜说："幸亏段公教我以正道，真是大恩大德，我怎敢不从命呢？"于是扭头斥责左右："统统解下甲胄，各自归队回营，有再敢喧哗的，斩！"

　　士兵们垂头丧气地解散了，段秀实却还不肯走。他对郭晞说："忙活了半天，真有些饿了，常侍肯赐我一餐吗？"郭晞不好拒绝，只好把他请到营中，摆出酒菜来款待他。段秀实一边饮酒一边高谈阔论，历数郭子仪的功劳，意思自然是告诫郭晞要珍惜。

　　吃过酒饭，天色渐黑。段秀实说旧毛病又犯了，竟要在营中留宿。郭晞没办法，只好安置他住下。郭晞怕有士卒怀恨，便派了许多心腹卫士守卫着段秀实住处，为了以防万一，连他自己一夜也没敢脱衣服。

　　第二天一早，郭晞随着段秀实去见白孝德，郭晞向白孝德谢罪，保证以后严明军纪。从此，邠州的老百姓就不再受官军骚扰了。

　　办完这件事，段秀实又回到了泾州刺史任上。

至死不降，继业保宋

公元960年，赵匡胤陈桥兵变，黄袍加身建立了大宋朝，历史上称为北宋。北宋时期，北方契丹族建立辽国，经常侵犯宋朝边境，伤害宋朝百姓，掠夺宋朝财物。这时期宋朝出了一个爱国将领。他就是金刀"杨无敌"。

金刀"杨无敌"，原名杨继业，又叫杨业，山西太原人。他镇守北方边陲雁门关。有一年辽国派耶律沙、耶律休哥带领10万大军，前来犯境，宋军探马早已报知杨继业，杨继业在代州附近（今山西省代县），设下伏兵。等敌军一到，杨继业等三声炮响，带兵冲出，敌军出乎意料顿时乱了阵脚。杨继业更是一马当先挥动金刀连伤数名辽将，辽兵死伤惨重，急忙带残兵逃走。从此辽兵给杨继业送一绰号叫金刀"杨无敌"。

公元983年，12岁的耶律隆绪登基当了皇帝。他的母亲萧太后替他管理朝事。北宋王朝想趁此机会，收复以前被辽国占领的地方。于是就派潘仁美、杨继业和呼延赞等兵分三路去完成这个任务。

很快，杨继业和潘仁美收复了好几个地方。但是呼延赞等却打了败仗，因此北宋王朝立即命令三路人马全部撤回。

部队撤到狼牙村时，辽兵已尾追上来。杨继业对潘仁美说："敌人追得凶猛，咱派出一支人马吸引敌人，然后再派战斗力强的人马，布下伏兵出其不意杀退敌人，这样才能掩护大部队撤退呀！"

可是，不懂兵法的监军王优，不同意杨继业的建议，还说杨继业害怕辽兵。这下可把杨继业给气坏了。"王监军，我杨继业并不是贪生怕死的人，不过现在情况对我军不利，如果这仗硬打，会让战士白白送死。你说我怕死，给我3000人马前去攻打头阵。"然后他又对潘仁美说："潘将军，前边有个地方叫陈家峪。我要是打了败仗，会撤到陈家峪，希望你能带兵在那里接应。这样两面夹击定能转败为胜。说完带兵冲入敌阵，好一个金刀"杨无敌"，金刀上下翻飞，敌人纷纷落马，杀有几个时辰，敌军蜂拥而上，越来越多，杨继业的白盔白甲，都被血染红了，终因寡不敌众，败进陈家峪。原本以为能够得到潘仁美援兵的接应，可是连一个援兵的影子也没见。这时敌军又追上了，杨继业带领残兵又和敌人拼杀起来。战着战着杨继业身边的战士只剩下 100 多人了，可辽兵却越来越多。

杨继业含泪对战士们说："你们都有妻儿老小，赶快冲出逃命吧！"战士们也感动地说："老将军何出此言，要死咱们死在一块。"

敌人们又冲了上来，战士们擦去泪水，又投入了激战。最后，杨继业的儿子杨延玉战死了，杨继业仍奋力拼杀，忽然一支飞箭射中了他的战马，杨继业被摔在地上。

辽兵抓住杨继业，想尽办法劝他投降，许他高官厚禄，他至死不降。最后他几天几夜不吃不喝为保卫国家献出了宝贵的生命。

据理力争，勇保国疆

沈括（1031—1095），字存中，钱塘（今浙江杭州）人。沈括是我国著名的科学家，他的著作《梦溪笔谈》是中国科学技术史上一份珍贵的遗产，也是世界科学技术史上的一部杰出的著作，被世界各国科学家称赞为"中国科学史上的坐标"。沈括也是北宋时期著名的政治家和爱国者，他出使辽国，据理力争，保卫宋朝疆土的佳话，被后人广为流传。

宋神宗时期（1074 年），北方辽国不断挑起边境争端，并向宋朝提出无理的土地要求，遭到宋朝的反对和抵制。于是，辽国在边境陈兵百万，杀人烧房，以武力相威胁。面对事端，宋神宗忧心忡忡，如何既避免战争又不失疆土，唯一的办法就是派使者赴辽，直接交涉。而能担当起这一艰巨使命的，只有才能出众、成就卓越的沈括。

沈括接旨后，马不停蹄赶回东京，面见宋神宗。宋神宗关切地问："辽方心理难以捉摸，万一中途生变，危及使者安全，卿将何以自处？"其实这一问题，沈括在接旨时就已想过，和强盗般的辽国谈判不仅困难重重，而且还要冒极大的风险，谈判的胜负，不仅关系到个人的安危，更攸关宋朝的主权和大好河山的存亡。在国家安危和个人生死面前，沈括早已做了抉择，他毫不迟疑地表示："臣只有用一死来回答！"

在准备周全后，沈括率领使团离京赴辽。一路上，他们克服重重困难，排除了辽方种种阻挠，终于到达辽国。

辽道宗"设宴"招待沈括一行人。只见宴会厅外刀枪林立、戈矛交叉；宴会厅内廷臣云集，冠盖如云；内外戒备森严，阵势咄咄逼人。望着这杀气腾腾，如临大敌的场面，沈括从容不迫，昂首而入，在使者席上泰然就座。

辽方首先以河东地界为由进行试探，被沈括明确的回答顶了回去"河东地界早已了当，我等此番是奉旨前来回谢"。辽方见沈括答辞严谨，无懈可击，便原形毕露，提出了以代州鸿和尔大山一段分水岭为界的要求。这一实质性的问题，直接关系到宋朝的领土完整和主权。这个问题早在宋仁宗时就已解决，并专门立石峰为标志。面对辽方的无理要求，沈括当场举出辽方于 1042 年与宋方共同商定以鸿和尔大山北山脚为界的事实，并拿出辽顺义军承认以鸿和尔大山北山脚为界和天池子属于宋朝的屡次公文。沈括"以子之矛，攻子之盾"，用辽方自己的文件反击辽方的无理要求，使环座惊愕，为之失色。辽方还想强词抵赖，沈括严正回绝说："你再说千般道理，也无济于事，必须有确实的文字根据。关于鸿和尔，只有这几个字'大山脚下为界'；天池子也只有几个字'地理属宁化军'。此外，就没有什么可谈的了！"辽方见逼索不成，只得中止谈判，沈括首战告捷。

过了几天，沈括再次率员"赴宴"。辽方又一次提出了原来辽方 100 多"部族"在天池子牧马之事，想用这一"事实"，挟逼沈括承认他们享有土地主权。沈括马上给予义正词严的批驳，他指出：地界文字有明白无误的记载，辽方"不应当过界下账，而且有照据为凭，岂可不凭文字，只据口说"！辽方见在此问题无稻草可捞，转而重新提出鸿和尔界来纠缠。沈括见辽方已理屈词穷，便开怀畅饮，不加理会。好一会，沈括才一针见血地指出：辽方在公文中，故意漏下山脚的"脚"字，现在又处处设防，不敢说出一个"脚"字来。其实，在这次辽使致宋廷的信中，早已承认了这点，即使辽方不承认，也无碍于事。说罢，便起身说："我喝醉了，不及一一回话，且休见怪！"

经过两次交锋，辽方已无力对阵，但还不甘心就此认输。在之后的几次谈判中，强词夺理，胡搅蛮缠，但都被沈括依据事实，驳得体无完肤。前后六次会谈，沈括都是这样丝毫不惧，坚持斗争。在大量的事实和雄辩的批驳下，参加谈判的辽臣们满面羞惭，不敢再强争下去，不得不放弃了讨索土地的要求，也不敢贸然发动军事行动。沈括出色地完成了这次赴辽使命。

第四章　报效国家，奉献精神

报效国家，奉献精神

> 岂日无衣？与子同袍。王于兴师，修我戈矛。与子同仇！
> 岂日无衣？与子同泽。王于兴师，修我矛戟。与子偕作！
> 岂日无衣？与子同裳。王于兴师，修我甲兵。与子偕行！
>
> ——《诗经·秦风·无衣》

[题解] 报效国家的思想在中华爱国主义传统中源远流长。公元前800年左右，周朝的宿敌西戎多次进攻秦国，秦君号召民众起兵讨伐敌寇，于是产生了这支雄浑的战歌。它反映了战士们保卫国土的忠心赤胆，以及战友之间深厚的情谊。

> 出不入兮往不反，平原忽兮路超远。带长剑兮挟秦弓，首身离兮心不惩。诚既勇兮又以武，终刚强兮不可凌。身既死兮神以灵，子魂魄兮为鬼雄。
>
> ——屈原《九歌·国殇》

[题解] 这是一首祭祀为国牺牲的将士的诗歌，高度赞扬了烈士们的爱国主义英雄气概与献身精神。

> 常思奋不顾身，以殉国家之急。
>
> ——（西汉）司马迁《报任安书》

[题解] 常常想着在国家危难的时候，自己能够为了国家发奋向前，甚至不顾自己的生命。

其实中国历史上向来不缺乏这样以天下为己任，牺牲小我，成就大我的仁人义士。正是有了这样的宏伟壮志，才使他们宁死不降，舍生取义，宁为玉碎也要为了国家，为了人民再次冲锋陷阵！英勇不屈的民族气节，大义凛然的革命精神，将永远是我们中华民族的各族人民学习的楷模！

禹伤先人父鲧功之不成受诛，乃劳身焦思，居外十三年，过家门不敢入。

——（西汉）司马迁《史记·夏本纪》

［题解］大禹为父亲鲧治水无功被杀而伤痛不已，因此奔波劳碌，想方设法治水，离家在外13年，经过自己家门也不敢进。

为祖国的发展添砖加瓦，建功立业，将个体融入到国家民族的和平发展事业中，促进国家的繁荣昌盛与长治久安，这就是实际的报国行为。中华儿女自古以来，就以勤劳、勇敢、善良、智慧之德行，努力创造物质财富和精神财富，使中华民族生生不息，发展壮大。古代的部落联盟首领大禹，疏通河道，区划九州，除患兴利，惠泽万世。其三过家门而不入的传说，体现出胸怀苍生、爱国胜家的奉献精神。

自古书契多编以竹简，其用缣帛者谓之为纸。缣贵而简重，并不便于人。伦乃造意，用树肤、麻头及敝布、渔网以为纸。元兴元年奏上之，帝善其能，自是莫不从用焉，故天下咸称"蔡侯纸"。

——（南朝宋）范晔《后汉书·宦者列传》

［题解］蔡伦发明的造纸术加快了世界文明进程。美国人麦克·哈特在其《一百位名人排座次》一书中，将蔡伦排在第七位。他说："如果没有蔡伦，就没有纸，我们很难想象今天的世界将会是什么状况。"

赤子之心，为国争光

　　冯如是中国航空事业的创始人。他精湛的飞机制造技术和高超的飞行本领，曾引起欧美国家的极大震动，不得不承认"中国人的航空技术超过西方"，冯如为中华民族争了光。

　　1883 年，冯如出生在广东省一个农民家庭。16 岁时在舅父的帮助下，到美国做工谋生。他目睹发达的美国机器制造业，非常羡慕，决心学好机器制造技术，致力于发展祖国的机器制造业。他省吃俭用，从微薄的工资中挤出钱来购买有关机器制造的书籍，刻苦攻读。短短几年内冯如就掌握了机械制造的原理，通晓了 36 种机器制造和修理的方法，还发明和改进了一些机械如抽水机、打桩机和无线电收发机等。

　　当时，由于政府腐败无能，帝国主义列强加速瓜分中国。冯如认为，兵器中最厉害的是飞机，中国反侵略战争离不开飞机。他决心倡导和开创中国的航空事业，建设强大的空军，形成空中的优势，以报效祖国。

　　1906 年，冯如向旅美华侨筹集约 1000 美元资金，准备创办飞机制造公司。他在奥克兰租下一间厂房，在朱竹泉、朱兆槐、司徒碧如三位华侨青年的帮助下，开始了飞机研制工作。冯如一次次试验，又一次次失败。在一次试飞中，当飞机上升到数丈高时，突然坠地，他险些丧生。冯如死里逃生，但矢志不改，"事不成，毋宁死。"在筹集的资金即将耗尽，双亲又来信催他回国的情况下，冯如坚定不移地表示："飞机不成，誓不返国。"他千方百计地克服人们意想不到的困难，夜以继日地改进飞机的设计。

　　终于，辛勤的劳动获得了丰硕的成果。1909 年 9 月 21 日，奥克兰市上空一架飞机在翱翔，许多行人都在驻足仰望。这就是 26 岁的冯如驾驶的自己制造的飞机，它揭开了中国航空史的第一页。它的航程是飞机发明者美国的莱特兄弟首次试飞航程的 3 倍多。这引起了西方世界的震惊，当时的《加利福尼亚美国人民报》以《中国人的航空技术超过西方》为题报道了这次飞行。冯如以其杰出的才华为中国在世界上赢得了广泛的赞誉。

冯如的成功，促进了祖国航空事业的发展。他创办了中国第一家飞机制造公司——广东制造机器公司，孙中山观摩了冯如的飞行表演，并给予高度赞扬和热情的勉励。冯如很快又制造出一架性能更佳的飞机，把外国人远远地抛在后面，并在国际飞行竞赛大会上获得优等奖。

冯如断然拒绝了美国人的重金招聘，一心只为祖国的富强而努力。1911 年 3 月，身怀绝技的冯如怀着一颗赤子之心，携同公司的 3 位助手，带着两架自制的飞机和制造飞机的机器，回到了他日夜想念的祖国。

当时的中国，大革命风起云涌，清王朝处于风雨飘摇之中。冯如同情革命，不愿为清政府效力。广州光复后，冯如毅然参加了革命军，被任命为陆军飞机长，担任中国最早的一支革命空军的领导工作。

为普及航空知识，唤起各界的重视，冯如于 1912 年 8 月 25 日在广州郊区进行飞行表演时，不幸飞机坠下，他身受重伤，因抢救不及时而壮烈牺牲，年仅 29 岁。弥留之际，冯如仍念念不忘祖国的航空事业，嘱咐他的助手说："我死后，你们千万不要失去进取之心！"

冯如短暂的一生，是为祖国航空事业奋斗的一生。他为国争光的光辉业绩永垂青史。

传奇英雄，献身革命

秋瑾是中国近代史上杰出的女革命家。她的一生，充满着富有传奇色彩的英雄事迹，为后人所崇敬和传颂。

1879 年，秋瑾出生在厦门的一个小官僚家庭。秋瑾从小聪明伶俐。她 7 岁时，听到书房中哥哥的读书声，就走到书房，对教书先生说："我也要读书，和哥哥一样。"先生就教她几个字，谁知秋瑾一学就会，先生很喜欢她。从此，秋家的书房中又传出一个女孩的读书声。秋瑾还在母亲单夫人的指导下，学会吟诗填词。在外婆家，她跟表兄学会了骑马击剑、使枪舞棒等各种武术。她不仅练就了一身好本领，而且养成了豪爽奔放的性格。她在一首词中写道："身不得，男儿列；心却比，男儿烈。"

当时，妇女身上套着许多封建绳索，她们的自由受到限制，还要遭受缠脚的摧残。这引起了秋瑾的强烈不满。当她看到，厦门街道上，洋人耀武扬威欺压中国人的情景，更是愤怒，她越发感到社会的黑暗。在北京，她受革新派人物和维新刊物的影响，思想境界不断升华。她自称"鉴湖女侠"，立志要用热血唤起妇女的觉醒，争取妇女和整个社会的解放。

1904 年春，秋瑾不顾家庭的反对，变卖了首饰，踏上留学日本的征途。她到日本后，一面学习日语，一面广泛结识爱国志士，进行革命活动。她参与组织了以反清为宗旨的"十人会"；发起由妇女参加的"共爱会"；她又创办了《白话报》，鼓吹推翻清政府，争取男女平权。不久，她加入秘密的反清会党"洪门天地会"。当孙中山到日本时，秋瑾与孙中山见了面，对孙中山的主张十分佩服，随即加入同盟会，被推选为同盟会浙江分会的会长。她在日本奔走联络发表演说，宣传革命，介绍爱国青年加入同盟会，她将名字改为

"竞雄"。经常穿男装，佩戴从日本商店买来的"倭刀"，练习武艺。她成为留日学生中传奇式女杰。

回国后她在上海创办了中国妇女第一份报纸《中国女报》，为宣传妇女解放发挥了巨大的启蒙作用。同时她为武装斗争作准备，与同盟会会员陈墨峰在寓所里研制炸药。一次不慎，引起爆炸，陈墨峰的脸和手都被炸伤，秋瑾的手臂也被烧伤。秋瑾果断地让别人把陈墨峰送进医院，自己留下处理了现场，当巡捕闻声赶来追问时，她说是做饭不留神着火，引起爆竹爆炸。巡捕抓不住把柄，只得作罢。

1907 年春天，秋瑾离开上海回到老家绍兴，主持大通学堂的校务。大通学堂是光复会的重要据点。秋瑾在校内增设了体育专科，购置了枪支弹药，又从各地抽调许多革命党人，到校担任教官，聚集好几百学生，到绍兴城外大操场，进行军事训练，借此培养革命军事干部。秋瑾也身着男装，骑着马，手持武器，亲自指导学生的野外训练。经过一段时间的努力，大通学堂的学生几乎都发展为光复会会员，成了武装起义的骨干。

革命的形势发展很快，起义的条件逐渐成熟。为了联络同志，秋瑾日夜奔波在杭州、金华、绍兴等地。徐锡麟与秋瑾决定，7 月初，徐锡麟在安徽安庆，秋瑾在浙江金华、绍兴同时起义。

但是，在起义发动前，有的义军首领擅自行动，被清兵打散；有的义军首领因走漏风声被捕殉难；清政府派出爪牙，搜捕革命党人。徐锡麟被迫提前起义，虽然刺死了安徽巡抚恩铭，但由于起义准备不足，孤立无援，终于被俘，反动派将他挖眼剖心处死。

在安庆起义失败后，整个行动计划变得非常困难，形势十分危急。当清政府得知秋瑾是徐锡麟的同党，便派出一标（相当于团）兵丁前来绍兴镇压。在这紧急关头，大通学堂师生建议马上起义。秋瑾则认为，绍兴力量太弱，不能以卵击石。不少同志劝她立即撤向安全地带，但她哪肯只身出走，便婉言谢绝了。她将重要文件交给了同志，随即疏散了大部分学生。

7 月 13 日下午，清兵包围了大通学堂，撞开大门，一拥而进。秋瑾带着一部分学生，与敌人展开了一场殊死博斗，经过一个小时的激战，击毙击伤清军数十人，最终因寡不敌众，秋瑾等6人不幸被捕。

当晚，敌人连夜审讯。面对敌人的威胁利诱和严刑拷打，秋瑾始终坚贞不屈，绝不出卖战友。当敌人逼她写供词时，她挥笔写下了"秋风秋雨愁煞人"7个大字，表达她对祖国的热爱、对民族前途的担忧和对起义失败的悲愤。

因无计可施，清政府于1907年7月15日在绍兴轩亭口将秋瑾杀害，临刑时，秋瑾视死如归，昂首大笑，声震寰宇。终年31岁。

秋瑾虽然英勇地牺牲了，但她的光辉形象，永远树立在人们心中。

救亡图存，赤心报国

容闳，字达萌，号纯甫，广东香山县人，1828 年出生在一个贫寒的家庭。7 岁时，他在澳门一所英国传教士办的小学学英文，后又在美国人塞缪尔·布朗办的马礼逊学堂读书。1847 年，容闳因家境困难，为了求生，志愿随布朗夫妇到美国，进入马萨诸塞州的孟松学校学习。两年后，考取了著名的耶鲁大学，成为该校第一个中国学生。

在耶鲁大学读书期间，容闳刻苦钻研，经常攻读到深夜。经过努力，他的成绩优异，多次夺得英文论文的首奖，蜚声于校园内外。容闳的兴趣广泛，选修了多门学科，学识的增长，使他看到西方的先进科学技术和资产阶级民主精神，也看清了当时中国清政府的腐败透顶，忧国忧民之心与日俱增。1854 年，容闳以优异成绩毕业于耶鲁大学。美方不止一次地用优厚的待遇诱劝他留下来，但丝毫动摇不了他的爱国之心，他要把知识献给祖国，要"以西方之学术，灌输于祖国，使中国日趋于文明富强之境。"

然而回国后，容闳并未受清政府的重用。为了生计容闳只好到处奔波，寻找工作。他在海关当过翻译，在洋行里当过书记员。他虽然得到了温饱，但总感到自己报国无门。在这期间，他看到腐败的清政府对人民的大屠杀，激起他无比痛恨；他对太平军产生了敬慕之情。他曾拜会太平天国的干王洪仁玕，向干王提出关于建设军队、政府、银行、学校等 7 点建议，这是容闳首次提出的为中国谋富强的大计。干王虽然知道这些建议十分重要，但战事频繁，无法实行，也就把这些建议搁了下来。容闳也离开了太平军。

一心想要报效祖国的容闳想起在同外商交往中，中国由于缺专门人才而多次失利，许多应由中国人掌管的要塞、军舰、海关等重要职务，都任用外国人，甚至与西方国家谈判时，中国的首席代表竟是外国人。想到这里，容闳既愤恨清政府的腐败无能，也为中国缺少新式教育感到不安。他想如果每年能有一批中国青年到美国留学，就能造就许多通晓西学的人才。

1868 年，容闳正式向清政府提出了他的选派留学生计划。几经周折，再三努力，两年后清政府批准了他的计划。1871 年夏，容闳在上海开始招生，被选入的幼童先在预备学校补习英文。从 1872 年到 1875 年，中国每年派遣 30 人，完成了留学 120 人的计划，容闳任留学生副监督。

清政府派的监督对学生们接受西方新鲜事物和思想非常不满，对支持学生的副监督容闳更是怀恨在心，他多次向朝廷告密，说容闳纵容学生，说这些留学生即使学成回国，也不能为朝廷效力，要求撤回留学生。腐败的清政府竟然同意了他的请求。1881 年，赴美留学生全部撤回中国，使容闳的计划半途而废。

1873 年，容闳从美国回到天津，向清政府奏请从西方购买武器一事。直隶总督让他就关于招募华工赴秘鲁的签约问题与秘鲁特使谈判。秘鲁特使声称华工将会受到优厚的待遇，而容闳以前在澳门就亲眼见过许多华工，以辫相连，结成一串，被人贩子们像牛马似的牵往船舱。又听说受骗华工被人贩子在市场上拍卖，不少华工因反抗被杀或跳海自杀。容闳义正辞严地怒斥了秘鲁特使，并向直隶总督汇报了所见所闻，欣然接受直隶总督的派遣，到秘鲁去调查华工的情况。经过 3 个月的调查，了解到了华工遭受的折磨和奴隶主的罪恶，并把华工身上被笞、被烙的斑斑伤痕拍成照片，作为奴隶主残暴虐待华工的罪证。

容闳的秘鲁之行，使华工受虐待的真相大白。清政府宣布禁止华工出洋。秘鲁特使虽竭力抵赖，但在容闳拍摄的一幅幅照片面前，无言以对。

1894 年，容闳在美国得知日本发动了甲午中日战争，忧愤交加，立即写信给南洋大臣张之洞的幕僚，建议向英国借款购买军舰并雇用外兵，抄袭日本的后路，使其腹背受敌。张之洞请他去伦敦借款，但这时，清政府已对日本屈辱求和，借款计划也告中止。

甲午战争失败后，容闳再次回到祖国，他建议实行新政，创立国家银行，发展资本主义，都受到阻挠而失败。后来，他又组织修建从天津到镇江的铁路，不料，德国有山东筑路权，不许铁路从山东通过，容闳不得不放弃筑路计划。

屡遭挫折，使容闳认清了清政府的腐败无能和帝国主义的丑恶嘴脸。他开始倾向革命，结识了维新变法的领袖康有为、梁启超，经常与他们讨论救亡图存的方略，容闳的资产阶级进步思想对他们产生了一定影响。

戊戌变法失败后，容闳支持唐才常并参加发动"自立军"起义。在上海张园的"国会"上，他被公推为会长，并起草了对外宣言。可是，宣言还未正式发表，唐才常在汉口遇难，容闳被列为通缉的首犯，他不得不潜往香港，两年后到美国避难。

在革命斗争中，容闳认识到孙中山"宽广诚明有大志"，并号召各界进步人士要支持孙中山，使资产阶级革命成功。1909年，他写信给美国的军事专家荷马李和财界人士布司，让他们支持孙中山。经容闳介绍，孙中山与荷马李、布司建立联系，举行会谈，制定起义计划。并以孙中山名义，委任布司为中国同盟会驻国外全权财务代办，向纽约财团贷款，筹组临时政府等。

1910年5月，82岁的容闳病倒了。当武昌起义成功的消息传到美国，容闳非常高兴，并致函："你们代表了四亿五千万人民——那些近三百年来深受压制的人们——高呼着共和国，为解除人民的痛苦去赢得自由和独立。"他的信，使资产阶级革命派深受鼓舞。

孙中山高度评价容闳的爱国精神和革命业绩，称他为"建伟大事业、以还吾人自由平等幸福"的老同志，并致函，希望他回国参加民国的建设。可是，容闳接到孙中山来函时，已卧床不起。

容闳于1912年4月21日在美国逝世，终年84岁。他在临终遗书中让他两个生长在美国的儿子回国服务，写道："吾费如许金钱，养成汝辈人材，原冀回报祖国。"老人金子般的话语，激励着两个儿子，他们回国后，一个任矿冶工程师，另一个任广东军政府军火局长，两人都为祖国做出了贡献。

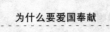

维新救国，请求变法

康有为（1858—1927），原名祖诒，字广厦，号长素。广东南海县人，1858 年出生在一个世代官宦家庭。

早年康有为曾到过香港和上海，阅读到一些介绍西方资本主义的书籍，由此初步认清当时的国际大势，通过比较，觉得按资本主义文明所建立的秩序比封建制度要好得多。他接受了一些资产阶级政治思想，逐渐形成了政治上和思想上的维新体系。他写成了《大同书》一书，在书中指出：封建社会是"据乱世"，资本主义社会是"升平（小康）世"，公产主义社会是"太平（大同）世"。大同之世是一个"天下为公，无有阶级，一切平等"的极乐世界。这部书反映了康有为对"大同世界"的空想。

清政府于 1885 年春准备与日本签订《马关条约》，《马关条约》拟将辽东半岛和台湾、澎湖割让给日本，并赔偿军费二万万银两。正在北京会试进士的康有为探知了条约的内容，大为震惊，立即发动广东籍举人联名上书请愿，请求朝廷拒绝签约。为了扩大声势，来一次规模更大的请愿，康有为和梁启超串联十八省举人 1000 多人，到宣武门外的松筠庵开会，商议联合请愿的事情。会上，台湾省举人痛哭流涕，誓死不愿离开祖国的怀抱。康有为痛斥民族所受奇耻大辱，要大家联合上书皇帝，挽救国家的危亡。到会举人义愤填膺，公推康有为执笔起草奏书。康有为不负众望，一天两夜，奋笔疾书了一篇长达 14000 字的《上皇帝书》，他一针见血地指出：如果把辽东等割让给日本，那么其他帝国主义列强也会跟着来瓜分中国，所以必须拒绝签订屈辱的条约，惩办"主和卖国"的官僚和"丧师失地"的将帅。同时，还必须从根本上实行变法，改革政治，才能使中国富强起来。《上皇帝书》写好后，由梁启超等人抄写数份，分送大家传阅。大家看了，情绪更加激昂，签名的举人有 1300 多人。这就是著名的"公车上书"（汉朝用公家车马接送被征举的士人，后来人们就用"公车"作为举人进京应考的代称）。5 月 2 日，各省举人排成一里多长的队伍，正式把《上皇帝书》送到清政府都察院。都察院官吏找借口拒绝呈递《上皇帝书》，光绪皇帝还是没有看到。"公车上书"虽然没能阻止《马关条约》的签订，但在社会上却产生了很大的政治影响，造成了维新变法的声势。

"公车上书"第二天，会试发榜，康有为中进士，得到工部主事的官衔。于是他再把《上皇帝书》加以修饰润色，以个人名义呈送光绪皇帝。这次上书终于被光绪皇帝看到并很受赞赏。于是，他又第四次上书请求变法。

这个时期，康有为除了不断向皇帝上书以外，还极力加强变法的舆论宣传和壮大维新力量。1895 年，康有为、梁启超在北京创办报纸《中外纪闻》；8 月，康有为在北京发起组织了维新派政治团体"强学会"；10 月，康有为离京南下，到上海创办"强学会"，发行《强学报》；1898 年 4 月，康有为集合在京举人又组织了保国会，不少官吏、士绅、读书人纷纷参加。就这样，一场以北京、上海等地为中心的维新变法政治改良运动，在全国范围内开展起来。社会大变革的条件逐渐成熟。

光绪皇帝于 1898 年春阅读了康有为的奏折，颇为赞赏，于是让总理衙门传康有为来，当面申述变法的意见。荣禄、李鸿章等封建守旧顽固派乘机发难，刁难、指责康有为，反对变法。康有为应付自如，回答得有理有据，头头是道，把守旧顽固派弄得张口结舌，狼狈不堪。事后，光绪皇帝命令康有为提出变法的具体措施。康有为此写了《应诏统筹全局折》，系统地提出了变法的具体方案。光绪皇帝看后，非常赞成，加快了变法的步伐。6 月，光绪皇帝趁慈禧太后移居颐和园期间，颁布了《明定国是》诏，宣布正式变法。接着召见康有为，详细讨论变法的步骤。两人谈的时间很长，很投机，双方都有一种相见恨晚的感觉。光绪皇帝采纳了康有为的建议，安排康有为在总理衙门工作。准许康有为的奏折可以直接送给他看，康有为实际上成了光绪皇帝维新变法的政治顾问。不久，光绪皇帝又把康有为的好友谭嗣同、杨锐、刘光第、林旭等安排在军机处。梁启超在受到皇帝亲自召见后，被委派专门负责办理大学堂和译书局的事务。在这些维新派的大力协助下，光绪皇帝一连下了五六十项变法命令，修订法律、精简机构和冗员，给予一定的言论自由；设立银行，鼓励农工商业，修筑铁路，开采矿藏，办各种工厂；设厂制造军火，训练新式海军；废除八股，开办各种学堂，翻译和出版书籍、刊物，派人到外国留学和考察，办理邮政，奖励新著作和新发明等。

　　然而，清王朝的实际权力，却掌握在以慈禧太后为首的顽固守旧派手里。9月初，慈禧太后和掌握兵权的荣禄密谋，企图废黜光绪，取消新政。光绪皇帝得知这一消息密令康有为、谭嗣同等"妥速密筹、设法相救"。他们只有向掌握重兵并伪装拥护维新的袁世凯求援，召其进京保驾。阴险狠毒的袁世凯一面满口应允，一面暗中向荣禄告密。9月21日，慈禧太后发动政变，把光绪皇帝囚禁起来，宣布临朝听政。谭嗣同等"六君子"被捕遇害。由于康有为事先得到消息，躲过毒手，逃亡到日本。至此，戊戌变法归于失败。这次变法仅仅实行了103天，所以，人们又称它为"百日维新"。

　　戊戌变法是以康有为为代表的资产阶级改良派发起的救亡图存的爱国运动，它打破了当时社会万马齐喑的局面，在中国近代史上写下了重要的一页，是中国资产阶级民主革命的前奏。

妇女领袖，英勇就义

向警予（1895—1928），湖南溆浦人。中国共产党第一位女中央委员，中央第一任妇女部长，妇女运动的杰出活动家。

向警予17岁时，为了寻求改造中国的"真学问"离开了家乡，来到长沙投考省立第一女子师范学校。不久，她和蔡畅一道组织了"湖南女子留法勤工俭学团"，会同蔡和森一起踏上了出国求学的万里征途。

几个月的勤工俭学生活，使向警予的思想发生了明显的变化。

向警予于1922年初从法国回到了上海，参加了党的第二次全国代表大会，当选为共产党第一位女中央委员，后来担任了党中央妇女部部长，亲手起草了一系列关于妇女运动的文件。1927年4月12日，蒋介石在上海叛变了革命，疯狂地屠杀共产党人和工人群众，轰轰烈烈的大革命，面临着失败的危险。就在这样极其险恶的形势中，向警予来到了武汉，参加了党的第五次全国代表大会。会后，被派到汉口市总工会宣传部担任领导工作。她以全部精力，投入到"打倒蒋介石"的宣传活动中去。她编写各种通俗易懂、生动有力的宣传资料，举办短期宣传骨干训练班，组织宣传队上街演讲，散发传单，张贴标语，教唱歌曲，呼喊口号。全市200多支宣传队，走遍大街小巷，愤怒控诉蒋介石叛变的滔天罪行，号召人们团结起来，打倒蒋介石！

1928年元月，由于叛徒告密，向警予不幸被捕。敌人一次又一次提审，她老是重复着一口咬定的"供词"，敌人毫无办法。

她严辞拒绝了卫戍司令部秘书处长的劝降以后，提审员气急败坏地喊："给我狠狠地打！"向警予说："我知道你们迟早会露出这副凶相的。"

在刑室里，向警予闭住双眼，咬紧牙关，忍住剧痛，一声不吭，心里只有一个念头，在这里也同样要战胜敌人。

在敌人的严刑毒打下，她始终坚强地挺着……

除了怒骂和痛斥，敌人什么也没有得到。

5月1日，向警予被押往江岸区余记里刑场。她不顾宪兵的殴打、阻止，向沿途民众演讲，高唱《国际歌》。刽子手用石块塞她的嘴，用皮带抽她的脸，她口流鲜血，仍然高呼口号，直到英勇就义。

挚爱智勇，救民水火

　　冯玉祥（1882—1948），字焕章，安徽巢县人，我国近代著名的爱国将领。

　　冯玉祥一生坎坷，他历经磨难，逐步走上革命道路，以挚爱和智勇谱写了一个又一个传奇式的爱国故事。

　　1900年，有一次，冯玉祥看见八国联军拿中国人当活靶打，每倒下一个，他们就狂笑一阵，畅饮一杯。冯玉祥的拳头攥得"崩崩"响，说："千刀万剐的，有朝一日，我把你们都捅死！"

　　他让人在驻地墙壁写上"勿忘国耻，誓死救国"，画上"国耻地图"，标明外强占领的土地，还令人在营房门口树起牌坊，将丧权辱国的"二十一条"抄录在上面，横眉为"国耻纪念不可忘"。

　　1918年，冯玉祥驻军湖南常德。看见一些华人商店门口挂起了日本旗，还看见有的商人求日本军舰保护。他立即召集商绅开会，说："我们中国人，自古就是头可断，血可流，气节不能丢！你们竟挂起了日本国旗，求日舰保护！这是辱没国格、认贼作父！把中国人的脸丢尽了！谁要再有此行径，格杀勿论！"商绅们点头赞同。

　　1921年，冯玉祥进驻陕西。两个外国人在终南山打死了两只野牛。冯玉祥知道后，立即把他们叫来，质问说："你们打猎得到谁的许可？终南山归陕西省管辖，野牛是中国的！"外国人狡辩说："野牛是无主的，用不着得到许可！"冯玉祥大怒，厉声吼道："我是陕西的地方官，负有保土维权之责。你们打死了中国野牛，要负赔偿之罪。否则，永不放你们出门！"外国人傻了眼，只好赔礼道歉。

　　抗日战争时期，有一次国民党元老吴稚晖请客，冯玉祥也被邀请在内。但他不吃不喝，提笔写了两联讽刺诗。一联是："三点钟开会，五点钟到齐，哪有民族精神"，另一联是："一桌子水果，半桌

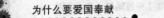
子点心，全是民脂民膏"。写罢，扬长而去。

过了几天，冯玉祥也发请帖邀请了国民党要员。每个人面前放了一个空大碗，冯玉祥亲自斟酒。斟完，他一饮而尽，然后请大家干杯。要员们喝了一口，觉得如同白水，正在纳闷，卫兵捧着坛酒进来，坛上写着一个大大的"水"字，要员们恍然大悟。他又令卫兵进菜，端上来的竟是一大盘碎蛋壳，要员们面面相觑。冯玉祥指着"菜"说："诸位可能都知道，覆巢之下无完卵的典故吧，如今国家危在旦夕，可我们这些当官的，拿着国家的俸禄，吃着百姓的粮食，却不能拒敌于国门之外，救民于水火之中，还有什么脸面活于世上！"要员们听了，面露愧色。

1946 年冯玉祥赴美考察水利，1948 年 9 月回国参加中国共产党领导的新政治协商会议筹备工作时，不幸在黑海遇难。

1953 年，为缅怀冯将军的爱国功绩举行了隆重的葬礼，将他的骨灰安放在泰山脚下。

抗日英雄，壮烈牺牲

　　吉鸿昌是河南省扶沟县吕潭镇人，是著名的抗日民族英雄。他从小就特别佩服岳飞、文天祥这样的英雄。吉鸿昌说过这样一句话："人生在世不能只做吃饭睡觉的机器，要有心、有胆、有作为，要成为一个对国家、民族有用的人，要像历史上的英雄烈士一样有气节！"因此，吉鸿昌18岁时就加入了冯玉祥的部队，准备为祖国好好干一番事业。

　　吉鸿昌作战特别勇敢，深得冯玉祥的赏识，经过多次战斗，成为国民党军队里的一名重要将领。

　　当时，蒋介石发动内战，妄想消灭共产党领导的中国工农红军。吉鸿昌的部队本来很会打仗，可以说屡建战功，可是一和红军打仗总是失败。他为了弄明白红军为什么有这么强的战斗力，就化装成一个补锅钉锅的小炉匠，到红军根据地去查访。原来红军是穷人的队伍，深得广大农民的拥护。从那时起，蒋介石再命令吉鸿昌进攻红军，他就下令让士兵们朝天上乱打一通。吉鸿昌想：不能再这么干下去了，应该带领部队投奔红军。可是他的计划没能成功，蒋介石逼他交出兵权，让特务押着他到国外去"考察"。

　　1931年，"九一八"事变震惊中外。吉鸿昌听到这个消息后，义愤填膺，立刻打电报给蒋介石说："国难当头，我愿带一支部队，北上抗日，就是粉身碎骨也绝不后退。"可是蒋介石却逼着他赶快出国。

　　1932年2月吉鸿昌才回到祖国，他想只有跟着共产党，中国才有出路。于是他加入了中国共产党，成了一名光荣的共产党员。

　　1933年春天，吉鸿昌在中国共产党的领导下，组织成立了一支抗日联军，他亲自担任总指挥，跟日寇作战。仅几天时间，就打下了日寇占领的宝昌。接着吉鸿昌又指挥联军，向多伦发动进攻。

多伦是军事要地，日寇在那里修筑了很多炮楼，组织成严密的火力交叉网，很不易攻打。吉鸿昌组织敢死队发动十几次冲锋都被压了回来。吉鸿昌一看，一把扯掉上衣，一手拿刀，一手端枪跳出战壕冲了上去，战士们看见也都纷纷跳出战壕冲了上去。日寇的炮楼彻底被摧毁了。

经过激烈的战斗，吉鸿昌率军终于攻占了多伦。连日本侵略者也承认，这是"九一八"事变以来，他们受到的最沉重打击。

这次胜仗把蒋介石气坏了，就暗地里派特务把吉鸿昌抓起来，准备杀害他。

在刑场上，吉鸿昌对刽子手说："我为抗日而死，光明正大，不能跪着挨枪，我死后不能倒下，拿把椅子来！"刽子手只好搬来一把椅子。吉鸿昌在椅子上端端正正地坐着。又说："我为抗日而死，一生光明磊落，不能在背后挨枪。"

"那，你说怎么办？"

"在我前面开枪，我要亲眼看着敌人的子弹是怎样把我打死的。"

刽子手只好面对着吉鸿昌，举起颤抖的手扣响了扳机。

伟大的抗日民族英雄吉鸿昌壮烈牺牲了。

忠诚抗日，狼牙五士

　　河北易县西部有座挺拔状如狼牙的大山，叫狼牙山，西侧高峰有块大岩石，传说是神仙的棋盘，得名棋盘陀。

　　八路军于1937年建立了晋察冀抗日根据地，狼牙山成了根据地的门户。日本华北派遣军总司令冈村宁次，调动10万多兵力，分13路"扫荡"狼牙山。

　　1941年9月，3500日军占领了狼牙山麓，整天围着狼牙山转。在敌强我弱的形势下，上级决定一团主力带着数万群众和地方机关撤离狼牙山。

　　七连六班接受了这次掩护主力撤退的任务。六班共5人，有班长马宝玉、副班长葛振林、战士胡福才、胡德林和宋学义。他们接受任务后，选择了"阎王鼻子"和"小鬼脸"两个险要之地准备阻击，把手榴弹捆成捆当地雷，借着月光从山脚埋到山腰。

　　第二天一大早，五六百鬼子像恶狼一样扑上来。"轰！""轰！""轰！"五六十个鬼子升了天。敌人又开始冲锋了，这次他们小心翼翼地向上爬。五战士躲在石头背后，等敌人爬到离他们只有二三十米远的时候，"打！"马宝玉高喊一声，一颗颗手榴弹飞了出去，敌人一批批倒下了。就这样，打退了敌人4次进攻。敌人气急败坏，开始用大炮轰击。五战士趁着硝烟，转移到另一个山头。时间已到了中午，团长交给的任务完成了。

　　他们决定掩护北口的二班先退。大群日兵向山上爬来，五战士用步枪点射，又甩出手榴弹，打得敌人鬼哭狼嚎。

　　太阳偏西了，估计二班战友已经走远，他们决定撤退。但是，如果往主力转移的方向撤，虽然能够迅速追上部队，可鬼子也会跟上来；如果往棋盘陀顶峰撤，三面悬崖，是条绝路。班长看了看战友，战友们坚定地说："宁可牺牲自己，不让敌人发现主力！"

五战士刚登上悬崖，敌人就追上来了。他们拼命射击，敌人一批批倒下，又一批批涌上来。子弹打完了，他们就搬起石头砸。

敌人越来越近了！五个战士，五颗红心。他们相互鼓励：坚决不当俘虏！班长举起"三八大盖"往石头上一摔，说："砸吧，不能把它留给敌人！"

敌人爬上了顶峰，叫喊着："抓活的！抓活的！"马宝玉从容地站到悬崖边，正了正军帽，整了整军装，说："我代表组织，也代表葛振林，接受胡福才、胡德林、宋学义3位同志加入中国共产党。同志们，就用我们最后的行动，来表示我们对党的忠诚吧！"说完，纵身一跃，飞向深谷。接着，其余4人也跳了下去……

冲上棋盘陀后，日军个个目瞪口呆：2000多人围攻了一天，耗去大量弹药，死伤了数百人，原来同他们战斗的只有5个人！

五英雄跳崖后，葛振林、宋学义在半山腰被树拦住，幸免于死，其余3人壮烈牺牲。

很快，八路军主力粉碎了敌人的"围剿"。

五战士的英雄事迹，传遍了各个抗日战场。人们称赞他们为"狼牙山五壮士"。"狼牙山五壮士"威武不屈的爱国爱民精神，将永存在人们心里。

华侨旗帜，嘉庚爱国

著名爱国华侨领袖陈嘉庚于 1874 年出生在福建同安县集美镇（今属厦门市）。他被毛泽东称誉为"华侨旗帜、民族光辉"。他一生"兴实业、办教育、勤劳国事"，是我国华侨史上第一位把政治、经济、社会、文化各方面活动集于一身的领袖人物。

青少年时代的陈嘉庚正当中法战争失败、中日甲午战争爆发前后，祖国面临列强威逼、民族危难的危急关头，当时的清政府政治腐败，经济萧条。17 岁时，陈嘉庚离开苦难的祖国，背井离乡，跟随父亲去新加坡学习经商。他先在父亲开设的米号主持店务，后来又经营黄梨（菠萝）罐头和房地产业。1905 年开始把经商重点转向橡胶业。他经营得法，获得了成功，不仅为当地经济的发展做出重大贡献，还成了海内外知名的华侨大实业家，成为华侨三大巨富之一。

但陈嘉庚想的却不是个人的享受，他渴望祖国能迅速强大，下决心报效祖国。31 岁时他加入孙中山创立的同盟会，慷慨解囊捐助振兴中华的革命事业。孙中山就任临时大总统后致电他"将赴南京需费"，他毫不迟疑地马上汇去新加坡币 5 万元，帮助革命之急需。为了提高民族的文化素质、振兴民族精神，1912 年他从新加坡回到家乡办起第一所乡立集美小学。1925 年，他在海外的事业发展到了顶峰，已有了较强的经济实力，却不置田产，不建私宅，而是大力捐资兴办学校。

他在集美陆续办起了各类各级学校，计有幼儿园、男女小学、中学、师范、水产、航海、商业、农林等技术学校，囷学专科学校和水产商船专科学校，还兴办了图书馆、科学馆、体育馆、医院、农林试验场、教育推广部等，统称为集美学村。他不仅捐资兴建校舍，还亲自物色校长、教员，亲自过问录取新生等事宜。

为了进一步培养报效祖国的高级人才，陈嘉庚决定办一所综合性大学。1921年他献出创办厦门大学基金400万元，选定了当年民族英雄郑成功的演武场作为校址。截至1922年厦门大学校舍全部落成，其设备之完善，在旧中国是绝无仅有的。为了承担集美村和大学的两处经费，他不得不变卖自己的一部分家产，甚至当他的企业有了危机，债主强行将他的全部财产交由债权人指定的监管者监管，外国财团准备把他的企业收为附庸，条件是要他停办厦门大学和集美学村。他听了十分生气，断然拒绝说："企业亏蚀可以收盘，学校决不能停办！"为了维持学校，他还四处募捐并向银行贷款。

陈嘉庚倾家兴学，誉满海内外。他一生捐献的教育经费，相当于他企业全盛时期的所有不动产。他为了祖国的复兴事业常说："金钱如肥料，散发才有用。"厦门大学至今70多年，集美学校更有近80年历史，已经为国家培养了大批优秀人才。

抗日战争时期，年过六旬的陈嘉庚，爱国之心更加炽烈。这时他成了南洋华侨抗日救亡运动的领袖。他抱定"抗战断无不胜，建国断无不成"的爱国信念，明确提出："全面抗战，长期抗战"的口号，为抗战募集了金额可观的数额，同时宣传抵制日货，动员机械工人回国效力，有力地推动了广大华侨的抗日爱国运动。他痛斥汪精卫之流的投降卖国行径，提出著名的"敌未出国土前言和即是汉奸"提案，鼓舞了爱国人民的斗志。他还向南洋同胞大力宣传延安精神和解放区的光明前景，完全置生死于度外，随时准备以身殉国，充分表现出爱国华侨领袖的无畏气概和高风亮节。他还创办了《南侨日报》同国民党的污蔑展开论战，指出共产党领导的解放战争胜利在望，中国人民站起来的日子为期不远了。

新中国成立后，应毛泽东邀请，陈嘉庚出席中国人民政治协商会议第一届会议，当选为常委。并担任了华侨方面事务的领导职务，历任全国政协第二、第三届副主席。他为了新中国的繁荣富强，毅然放弃了优裕的物质生活，不要一个子孙陪同，回祖国定居，"莫道桑榆晚，为霞尚满天"，要为人民事业再尽绵薄之力。

陈嘉庚于1961年8月12日病逝于北京，享年88岁。他在临终之际还殷切盼望祖国早日实现和平统一，还在关怀祖国教育事业的发展。在处理私人财产的遗嘱中，没有把财产留给子孙后代，而是全部捐给集美学校作校产，并将国内银行 300 万元巨款全部捐献给了国家。

陈嘉庚对祖国、对人民、对社会主义做出了不朽的贡献，他不愧是一个中华民族杰出的儿子，爱国华侨的典型楷模，不愧为真正的海外赤子之冠。他的名字将和那些曾为中华民族的解放事业、教育事业，为新中国革命胜利做出贡献的先驱们一样永垂青史。

报效祖国，回国效力

1947 年，36 岁的中国科学家钱学森，被美国麻省理工学院聘为终身教授。这是一个很高的荣誉，它预示着钱学森的优厚待遇和远大前程。

钱学森是美国研究航空科学的最高专家冯·卡门的优秀学生，是美国最早研究火箭的组织——加州理工学院火箭研究小组的五成员之一。因此，他深受美国人的器重。

在冯·卡门的指导下，火箭研究取得了重大进展，为反法西斯战争的胜利做出了贡献。在那些艰苦的日子里，钱学森显露出了卓越才能。一项在航空科学史上占有重要地位的航空科学公式：即著名的"卡门——钱公式"诞生了。这是由冯·卡门提出命题，钱学森做出结果，至今仍在航空技术研究中广泛使用的一项公式。

当钱学森得知中华人民共和国成立的消息后，这个每时每刻都在思念祖国的科学家，顿时沉浸在极大的喜悦之中。虽然，钱学森在美国已经生活了 10 多年，拥有了金钱、地位、声誉，又被誉为是"在美国处于领导地位的第一位火箭专家"，但是他想，我是个中国人，我可以放弃这里的一切，但不能放弃祖国。我应该早日回到祖国去，为建设新中国贡献自己的全部力量！他还对中国留学生说："祖国已经解放了，国家急需建设人才，我们要赶快把学到的知识用到祖国的建设中去。"

对于钱学森准备返回中国的决定，引起美国有关方面的恐慌。他们认为，钱学森的专业技术如果带回去，中国的科学技术将高速度前进。不，绝不能放走他。美国海军的一位领导人曾对美国负责出境的官员说："我宁可把钱学森枪毙了，也不让他离开美国！""钱学森至少值五个师的兵力。"

因此，钱学森的回国计划受到严重的阻挠。美国官方"文件"通知他，不准离开美国。

原本，他的行李已经装上了驳船，准备由水路运回祖国。可美国海关硬说他准备带回国的书籍和笔记本中藏有重要机密，诬蔑钱学森是"间谍"。其实，这些书籍和笔记本，一部分是公开的教科书，其余都是钱学森自己的学术研究记录。

一波未平，一波又起。几天之后，钱学森突然被逮捕，被关押在一个海岛的拘留所里，受到无休止的折磨。看守人员每天晚上隔10分钟进室内开一次电灯，使他根本无法入睡。钱学森的遭遇，引起加州理工学院中坚持正义的同事和学生的同情，在正直人士的强烈抗议下，美国特务机关被迫释放了他。

但是，美国特务机关对钱学森的迫害并没有停止，他们限制他的行动，监视和检查他的信件、电话等等。然而钱学森没有屈服，他不断地提出严正要求：坚决离开美国，回中国去！

在争取回国的日子里，钱学森更加关心祖国的建设事业，他经常从《华侨日报》等报刊上了解新中国的情况，并且和一些中国科学家、留学生讨论建设祖国的有关问题。为了能够迅速回国，他租房子只签订很短时间的合同。家里还准备了3只轻便的小箱子，天天准备随时可以搭飞机回中国。

5年的时间过去了。这期间，钱学森争取回国的斗争得到世界各国正义者支持，更得到了中国政府的极大关怀。周恩来总理曾亲自了解他的情况，并指示参加中美两国大使级会谈的中国代表，在会谈中提出钱学森博士归国问题。

1955年8月，这场外交斗争终于取得了胜利，美国政府被迫同意钱学森返回中国。

到达北京的第二天清晨，钱学森就和妻子带着两个孩子来到天安门广场。他激动地说："我相信我一定能回到祖国。现在，我终于回来了！"

 革命到底，狱中遗著

　　方志敏（1900—1935），是赣东北根据地和中国工农红军第十军的创建人之一。1923 年入党，历任中共县委书记、特委书记、省委书记、省军区司令员等重要职务。方志敏烈士的著作《可爱的中国》，深受广大青年喜爱。

　　1935 年因叛徒告密方志敏不幸被捕，被关押在赣绥靖公署军法处看守所。敌人对方志敏不但又怕又恨，而且还抱有企图，妄想威逼方志敏变节投敌。方志敏看透了敌人嘴脸，他想落到敌人手中只有两条路：一条是投降，暂时苟生；一条是死，为革命流血。他选择了后者，对敌人劝降不屑一顾。一次敌人大头目问方志敏："你是不是愿意看见你的夫人？你与她的感情很好？你有几个孩子？"方志敏答道："我共有 5 个孩子，都很小，我与我妻是长期共患难的人。为了我的事业，我只有抛下他们！"敌人又劝方志敏到国民党这里做事，并说做少将参谋每月可得 500 元的薪金。方志敏坚决回答："我不爱爵位也不爱金钱！"方志敏一生朴素、清贫。经他手筹集数百万金钱，全部用在革命事业上。被俘时，敌人在他身上从袄领到袜底捏个遍，一个铜板都没搜到。敌人看劝降不行就采取新的办法来摧残方志敏的革命意志，让狱中黑暗、污秽、潮湿、熏臭的环境和饥渴、屈辱、病痛、死亡来折磨方志敏。

　　早有思想准备的方志敏不想束手待毙，他要在敌人下毒手之前，继续为党做些有利的工作。他要把一生热爱祖国的挚情写出来；把敌人诬蔑"苏区"、迫害革命志士的罪行揭露出来……于是他就在狱中艰苦恶劣的条件下，开始秘密地撰写文章。

　　为躲避敌人视线，方志敏决定稳住敌人，声称自己要写赣东北苏区详情，这可是敌人求之不得的，马上给方志敏搬来桌凳，拿来笔墨稿本。敌人上当了，方志敏埋头疾书。从上午到下午，从晚上到半夜十二点，写个不停。正当炎暑盛夏，窄小的牢房闷热难当，方志敏汗如雨下，到傍晚蚊虫叮咬更难以忍受。但为争取多写稿子，方志敏极力构思，苦煞心血，白发陡增一倍！他笔下的《可爱的中国》《狱中纪实》《赣东北苏维埃创立的历史序言》等十几篇文章陆续完稿，并秘密收藏起来，等待机会转交给党。

等不及的敌人要见到方志敏亲手写的"剿共"材料，得到的回答却是：我已将纸撕成碎片！敌人终于明白了，在真正的共产党员身上，他们只能一无所获！7月，敌人在南昌枪杀了方志敏。可敌人永远不会知道，方志敏从入狱到就义仅5个月时间，便为可爱的祖国留下了一套宝贵的狱中遗著！这些珍贵的文物将激励下一代踏烈士足迹，革命到底！

魂系祖国，八女投江

　　1938年深秋，抗联二路军五军西征大队，露宿在乌斯浑河边的柞木岗山下。这距牡丹江入口只有七八里地，大队准备第二天拂晓就渡江，然后绕道去喀斯喀密营找五军军部，进行休整。随军的妇女团仅剩下的8名女战士，此时激动极了。半年来她们和大队一道与日军展开殊死激战；和男同志一样跋涉在深山老林，野草充饥，碎衣遮体；和战友们一起揩干烈士身上血迹，继续战斗，眼看就要返回军部了，怎能不兴奋呢！

　　13岁的王惠民是里头最小的战士，她把两只瘦小的手伸进指导员冷云的怀里，甜甜地睡了；李凤善、安顺福两位朝族女战士，背靠背，带着微笑进入梦乡；冷云没有睡着，她眼前又浮现出自己那刚出生的孩子，正张开小手要妈妈抱的情景。可她为了千万个孩子不再离开母亲怀抱，临出征前她毅然地把孩子送给了老乡！她和妇女团姐妹抱定抗战到底的必胜信念参加了革命。

　　天亮后，冷云主动向大队请求与师部金参谋带妇女团先行渡河，为大队寻找渡口。金参谋刚到对岸，突然大队周围枪声大作。凭经验冷云意识到，大队被敌人包围了，妇女团被隔在包围圈外，正对敌人后背。冷云立即把同志们分成三组，引过敌人，让大队突围。"打！"妇女团的子弹像雨点一样打向敌人。于是，敌人又调转枪头向妇女团开火。大队趁机发起冲锋，突出包围，同时向敌人冲去，想把冷云她们带出来。可敌人装备精良，大队根本动摇不了敌人阵脚。如硬拼下去，大队有再被包围全军覆没的危险。冷云急了，组织妇女团喊话："同志，冲出去！抗日到底！"连喊3次，大队终于忍痛撤向柞木岗的密林里。

　　气急败坏的敌人集中兵力扑向乌斯浑河岸。柳条墩子炸平了，荒草烧光了，面对手持长短枪的女兵叫着"投降吧！捉活的！"像潮水般涌上来。冷云告诉大家节省子弹，等敌人靠近再打。顿时4颗手榴弹在敌群开了花，敌人死尸一片。趁这当口，冷云观看四周，只见正面、侧面全是疯狂的敌人，岸上没有任何隐蔽物，有几位战友已负了伤，后面是百米宽阔的滚滚江水。眼下只有两条路，战死或被俘。冷云下定了最后决心说："同志们！咱们是共产党员，抗联战士，宁死也不能做俘虏！为祖国的解放事业而战死是我们的最大光荣！""对！咱们宁可站着死，决不跪着生！过河去！"战士们坚决地回答着。冷云命令将最后的6颗手榴弹扔向敌群，说道："走！"8名女战士互相搀扶着，坚定地向乌斯浑河走去。水流湍急，她们立身不稳，敌人的子弹呼啸着从她们头上、身上飞来，她们手捂伤口，倒下了又挣扎起来，继续前行。

　　最后，残暴的敌人向她们射出了一排炮弹，在水面上掀起一柱巨浪吞没了8位巾帼英雄！巨浪翻滚着，怒吼着，似乎告诉人们永远记住这八女投江殉国的悲壮一幕！

　　这8位烈士英名是：冷云、杨桂珍、安顺福、胡秀芝、郭桂琴、黄桂清、王惠民、李凤善。她们的英名永垂不朽！

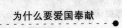

草原英雄，顽强不息

巴彦玛（1913—1948），内蒙古镶黄旗洪格尔乌拉人，草原女英雄。为追求美好的共产主义理想，为谋求草原人民的自由和幸福，她顽强不息地战斗在锡林郭勒草原上，最终以身殉事业。

巴彦玛于1913年诞生在内蒙古镶黄旗洪格尔乌拉的一个贫苦的牧民家里。幼年丧母，10岁时，父亲被匪徒杀害。生活的重压，更加磨炼了她的意志，反抗旧社会、旧制度的烈火在心底里燃烧得更加猛烈。

1947至1948年，镶黄旗处于敌我双方拉锯态势。在这个敌情十分复杂、白色恐怖笼罩的地区，党和人民政府委派巴彦玛担任镶黄旗人民政府第一苏木敖本郭勒的村长。

她积极宣传党的政策，团结群众，筹款筹物，支援解放战争。她还担当党的情报员，情报工作做得十分出色。有一次她得知盘踞在康保的国民党总指挥部派出了20多峰骆驼，把武器弹药运送给穆格登宝的消息，就立即把这个情报送到了150里外的我军指挥部。这批军用物资很快被我军缴获。

1947年8月，穆格登宝在国民党的指使下，带领了100多辆载有国民党反动军队的汽车，大举进犯我解放区镶黄旗查干额日格。由于巴彦玛事先摸清敌情，使我军抓住时机，痛击了敌人。

由于巴彦玛团结贫苦牧民与敌人进行针锋相对的斗争，打破了穆格登宝企图重占镶黄旗的幻想。后来穆格登宝曾几次企图杀害巴彦玛。但在党和群众的掩护下，敌人的企图多次被挫败。

巴彦玛的丈夫因怕她的革命活动遭到敌人仇恨而连累自己，就威胁巴彦玛脱离革命。为了整个草原人民的幸福，她毅然与丈夫决裂，带着4个儿女，离开了丈夫，继续顽强不息地同敌人斗争。

巴彦玛于 1948 年 4 月 11 日不幸被捕。敌人要她交出党的机密文件，并以活埋她的孩子相威胁。她强忍着生离死别的痛苦，深情地对乡亲们说："亲人们不要悲伤，乌云一时遮住了太阳，最后的胜利是我们的！"在敌人的酷刑面前，她坚强不屈。敌人见一无所获，便决定杀害她。

1948 年 4 月 18 日，夜幕沉沉，寒风刺骨。囚车上的巴彦玛遍体鳞伤，血染衣衫，她双眉紧锁，深思地凝视着远方。就义前，她大义凛然地对敌人说："你们听着，你们虽然杀了我，但革命人是杀不绝的，你们是虚弱的，解放军的大炮就要把你们消灭，人民必胜！"

铿锵的语言直戳敌人的痛处，匪徒们用刺刀割下了女英雄的双乳，然后一颗子弹穿过她的胸膛。就这样，这位年仅 34 岁的草原人民的英雄儿女，为了争取人民的自由和幸福，献出了宝贵的生命。

不愿屈服，拍案而起

　　爱国民主战士闻一多，是我国现代著名的学者。在民族存亡、国家安危的紧要关头，他以天下为己任，以其正义惩奸纠佞，以其才能竭诚贡献，成为后世敬仰、学习的楷模。

　　闻一多（1899—1946）湖北浠水人，早年就读于北京清华学校。1922 年赴美留学，攻读美术、文学。1925 年回国后，在大学任教。1932 年秋任清华大学中文系教授。抗战时期在昆明任西南联合大学中文系教授。闻一多先生在执教期间，潜心研读学问，发表了许多学术专著，是治学严谨、言行一致、受学生尊敬的著名学者。

　　原本闻一多只是一位钻研知识的学者，对政治很少过问。1943 年后，目睹国民党政府的独裁腐败和人民生活的痛苦，他毅然走出书斋，积极投身到民主运动中去。1944 年闻一多加入中国民主同盟。1945 年被选为中央执委兼民盟云南支部宣委，任《民主周刊》社社长。

　　内战爆发后，在蒋介石的高压反动政策下，作为民主运动中心的昆明笼罩着一片白色恐怖，但闻一多毫无畏惧，坚持民主斗争。1945 年 7 月 12 日"七君子"之一的李公朴遭特务狙击，遇刺身亡，闻一多赶到云南大学医院，抱着李公朴的遗体哭喊："公朴没有死！公朴没有死！"朋友们劝他暂避，以防不测。他坚定地表示："决不能向敌人示弱，如果李先生一死，我们的工作就停了，将何以对死者，将何以对人民！"7 月 15 日午后，李公朴治丧委员会在云南大学至公堂邀请李公朴夫人张曼筠报告李先生被刺经过，闻一多到会讲演，这是他一生中最后一次讲演。

　　在千余人面前他痛斥了反动派的无耻，当时会场上混有不少国民党特务，闻先生随时可能遭到特务的谋杀。但是，闻一多坚定地表示了争取民主的决心：一切民主的工作者要准备像李公朴先生一样，今天跨出了大门，就不准备再跨进大门！会后，云大学生将他护送回西南联大教职员宿舍西仓坡 2 号《民主周刊》社，同楚图南一起主持新闻记者招待会，报告李公朴被刺经过及李公朴生平。5 时散会，5 时 40 分由其长子闻立鹤伴随回宿舍。然而，几分钟后，即在宿舍门口被数名特务狙击，面部被击三弹，左腕被打断，胸部也中数弹，当场遇难。这种空前残酷、惨痛、丑恶、卑鄙的暗杀行为，使国民党法西斯统治的狰狞面目暴露无遗。

闻一多、李公朴的被暗杀，彻底激起了人民的愤怒，也促使对蒋介石存有某种幻想的人们觉悟起来。闻一多再一次用其满腔热血唤醒了广大人民，激励更多的后来者，为自由为民主进行不懈的斗争。

毛泽东曾说："我们中国人民是有骨气的。许多曾经是自由主义者或民主个人主义者的人们在美帝国主义者及其走狗国民党反动派面前站起来了。闻一多拍案而起，横眉怒对国民党的手枪，宁可倒下去，不愿屈服，表现了我们民族的英雄气概。"

第五章　生于忧患，死于安乐

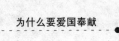

生于忧患，死于安乐

人恒过，然后能改；困于心，衡于虑，而后作；征于色，发于声，而后喻。人则无法家拂士，出则无敌国外患者，国恒亡。然后知生于忧患而死于安乐也。

——《孟子·告子下》

[题解] 忧患意识是人们在社会发展转折时期一种清醒的防范意识和预见意识，超越一己之利害、荣辱、成败，而将社会、国家、人民的前途命运萦系于心，对社会、国家、人民可能遭遇到的困境和危难抱有警惕。它源于自觉的责任感、使命感，表现为奋发精神和坚强意志，是对国家与人民前途命运的自觉关怀与理性忧虑，是一种可贵的担当意识。孟子生于礼崩乐坏、诸侯争战的战国时期，他毕生以弘扬儒家仁义大道、构建大同世界为己任。作为先觉者，他充满着悲悯的忧患意识，他认为忧患使人勤奋，安乐使人怠惰。

长太息以掩涕兮，哀民生之多艰。

——屈原《离骚》

[题解] 谗人得势，昏君乱政，国家前途幽险不明，屈原痛感时事日非，发出沉重的叹息与悲鸣，为人民的苦难泪流不止。

穷年忧黎元，叹息肠内热。

——（唐）杜甫《自京赴奉先县咏怀五百字》

[题解] 忧民是忧国意识和民本思想的必然延伸。杜甫目睹安史之乱造成的社会混乱及民生凋敝的惨状，写下了大量忧国忧民的诗篇，如《三吏》《三别》《北征》《自京赴奉先县咏怀五百字》等。

不以物喜，不以己悲。居庙堂之高则忧其民，处江湖之远则忧其君。是进亦忧，退亦忧。然则何时而乐耶？其必曰"先天下之忧而忧，后天下之乐而乐"乎？

——（北宋）范仲淹《岳阳楼记》

[题解] 范仲淹把孟子"乐以天下，忧以天下"的思想进一步发展为"先天下之忧而忧，后天下之乐而乐"。范仲淹这种超越个人的忧乐，始终以天下为己任，以利民为宗旨，积极进取的精神值得后人学习。

视死如归，杀身报国

夏完淳（1631—1647），原名夏复，乳名端哥，号存古，松江府华亭县（今上海市松江县）人。幼时夏完淳英才早熟、胆气过人，是一个神童。他5岁读完了"五经"，7岁能诗作文，9岁时已写出了一本叫《代乳集》的诗集。在父辈们的长期熏陶下，夏完淳童年时就关心时事，有敏锐的政治眼光，他从小就立下了为国献身的抱负。

夏完淳15岁时，清兵打到了他的家乡，所到之处，烧杀抢劫。眼看着家乡人民受到清兵残暴的屠杀，他心里像有一团烈火在燃烧，他毅然投笔从戎，参加了父亲和老师组织的义军。不久，由于义军人数太少，战斗失败。父亲不愿当俘虏，投湖自尽了，父亲的殉国，更激起夏完淳坚持抗清的决心。他和老师、岳父一起歃血盟誓，决心战斗到底。他卖了全部家产，奔走于浙江一带，联络反清力量。不幸的是，在清兵的大搜捕中，他被清兵逮捕了，并被押到南京。

招抚南方总督军务大学士洪承畴亲自提审。洪承畴知道夏完淳是闻名江南的"神童"，便心怀叵测，诱他投降，借此收买人心。夏完淳见堂上坐的是洪承畴，不由得怒火中烧，昂首挺立，不肯跪下。洪承畴假仁假义地说："你这个毛头小孩，懂得什么造反事理？还不是误受叛乱之徒的蒙骗，被拉过去的？你要是依了我，归顺大清，管保你前程无量。"夏完淳装着不认识洪承畴，故意高声回道："你才是个叛乱之徒！我是大明忠臣，怎能说我反叛？我常听人说起我朝'忠臣'洪亨九（洪承畴字）先生在关外和清军血战而亡，名传天下。我年纪虽小，说到杀身报国，还不甘落在他的后面呢！"洪承畴听后瞠目结舌，不知所措。

洪承畴的左右赶忙告诉夏完淳："本堂正是洪大人。"没料到，夏完淳反而手指洪承畴的鼻子，骂得更凶："胡说！亨九先生早已为国捐躯，天下人谁不知晓！当时天子亲自哭祭他，满朝群臣都痛哭流涕。你这个无耻叛徒算是什么人，敢冒他的大名来污辱他的'忠魂'！"夏完淳这一席骂，痛快淋漓，巧妙异常。骂得洪承畴的脸上红一阵，青一阵，坐立不安，虽似有千刀剐肉，万箭刺心，却也不敢还上一句，于是狼狈退堂，把夏完淳关进了狱中。

监狱里阴暗潮湿，臭气熏天，在非人的折磨下，夏完淳仍然豪放如常。他和难友一起饮酒作诗，谈忠说义，根本不把生死放在心上。他在《狱中上母书》中写道："人生孰无死？贵得死所耳。""恶梦十七年，报仇在来世。神游天地间，可以无愧矣。"表现了他视死如归的气概。

敌人对夏完淳软硬兼施，都没能使他屈服。最后，把他押到南京西市刑场。面对死亡，夏完淳毫无惧色。他双目炯炯发光，直挺挺地立在刑场上，坚决不肯下跪。杀人不眨眼的刽子手，在英雄面前，胆战心惊，在监斩官的再三催促下，才抖抖索索地举起了手中的刀。

少年英雄夏完淳牺牲的时候，还不满17岁。他像烈士壮游那样走向死亡，以其生命的热血谱写了最后一曲惊天地、泣鬼神的不朽诗篇。

拳拳忠魂，血染扬州

公元 1644 年，清世祖由叔父多尔衮辅政，乘农民起义军李自成攻破北京明皇崇祯在煤山吊死的混乱时机，大举南进。当年 5 月初，清军即占领了北京。

消息传到江南，此时明朝陪都南京的官员，大致分为两派，一派是以南京兵部尚书史可法为代表的爱国大臣，另一派是以凤阳总督马士英为代表的卖国官僚。马士英为了便于自己弄权，拥立荒淫的福王朱由崧即皇帝位，建立了历史上称为弘光王朝的南明政权。

公元 1645 年，清军击溃了农民起义军李自成后，又大举南进，于 4 月 17 日对扬州采取了包围的攻势。

正直有为忠贞爱国的大臣史可法，被投降派马士英之流排挤到扬州督师。当清军进逼扬州时，史可法立即发出紧急命令，要各镇派兵救援扬州。但是那些不顾国家安危的将官只谋私利，不顾大局，竟没有一个听命令而来的。史可法只能率领本城军民，构筑工事，做迎战准备。

4 月 18 日扬州陷入了被清军层层包围的孤立无援的危局。

南下清军的统帅是清摄政王多尔衮的兄弟定国大将军豫王多铎。他为了不战而成大功，进而利用史可法的威望收服江南，就叫明朝降将李遇春，拿着招降书去劝诱史可法投降。

李遇春来到城下，见史可法威风凛凛站在敌楼上，怒目向着自己，先就气馁了三分。他不敢下马，双脚踩着镫子，拱手作揖道："史督师在上，恕末将甲胄在身，不能全礼！"史可法嘲问道："我是大明朝的督师，请问，你又是哪一朝的'末将'？"李遇春臊红了面皮，定了定神说："督师忠义大名闻于华夏，都得不到朝廷信任，死又何益？还不如协助大清朝取天下……""无耻！"史可法大怒，从腰间摘下宝雕弓，抽出狼牙箭，搭上弦，李遇春大惊失色，把马缰一提，抱头鼠窜而去。

多铎见劝降无济于事，又强迫当地乡民拿着劝降书，进城去见史可法。史可法拆都不拆，弃之护城河里。

多铎不死心，又接二连三地写劝降书，史可法仍是看也不看，连着五次，把劝降书扔进护城河。

扬州城中有一个总兵官和一个监军，在清军诱降下发生了动摇。第二天夜里跑到史可法住处，惴惴地说："明朝大势已去，我们不如投降清军吧！"史可法微微冷笑，声严厉色地说："我早已准备好死在扬州，要我投降休想！"那总兵和监军连夜溜出城门，投降了清军。

史可法十分鄙视那些投降变节分子，自己早已做了与扬州共存亡的准备，并给母亲、妻子写好了遗书。

总兵和监军投降后，扬州城中军心发生动摇，史可法传令全体官兵，向大家讲话："这几天军情紧急，扬州是江北的重镇，如有差失，南京很难保住。我切望将士们一致努力，不分昼夜，严密防守。倘有人造谣生事，惑乱人心，一定按军法治罪！"

史可法想到军心涣散，扬州难守，南京势急，国家危亡，不禁热泪夺眶而出，放声痛哭……

听着史可法痛切的哭声，将士们无不受感动，大家不约而同地喊道："我们一定尽力守城！"

史可法拭去眼泪，向大家行礼致敬，当众下令，把军队分成三部分，一部分迎战，一部分守城，一部分巡查；并宣布了临阵军令：

"上阵如不利，退守城防；守城不利，展开巷战；巷战如不利，短兵相接；短接如不利，为国自尽！"

在史可法的指挥鼓舞下，壮烈的扬州保卫战开始了。

4月22日，清军开始攻城。明军出城交战失利，退守城内。清军用大炮轰射，把城墙上部打开了好些缺口。史可法命人用大沙袋堵住缺口，继续战斗。鏖战一整天，清军死伤了几千人。

清军自从一年前入关以来，所到之处，很少遇到像扬州军民这么坚强抵抗的，更没有一个封疆大吏和城池共过存亡。连续3天攻城不克，多铎于 4 月 25 日对扬州发动了疯狂的总攻击。

扬州各处城门，以西城受到的攻击最厉害，史可法就亲自在这里防守。清军集中大炮向城墙的西北角轰击，终于打开了一个大缺口。大队清军士兵，就从这个缺口洪水一般涌进了扬州城。

史可法见扬州城已被攻破，悲愤不已，拔出宝剑朝脖子上抹去。在他身边的史德威等人，连忙抱住他的身子，夺下手中宝剑。史可法已为剑刃所伤，战袍溅满了鲜血。他严厉地对史德威说："我命令你把我杀死！"史德威知道，史可法不愿被俘受辱，决心以死殉国；但他又怎忍心杀死敬爱的督师呢？他和几十个士兵一起，簇拥着史可法走下城墙，打算从东门逃出，再图后举。

此时清军已进入扬州中心，明军将士和百姓正同清军展开巷战，许多人在短兵相接的格斗中牺牲。史可法等还没走到东门，就有一队清兵迎头挡住了他们的去路。既然到了清兵面前，他挺身而出，大声疾呼："史可法在此！"清兵听了大吃一惊，上前捉住了他，送到多铎那里。

多铎不敢怠慢，恭敬地对史可法说："前些天我曾三次致书给先生，都没得到回答，如今先生为明朝尽到了忠义，我想请先生替大清朝收拾江南。先生如能俯允，必当授以重任！"

史可法听了大怒，义正词严地斥道："我是大明朝臣子，岂可苟且偷生，作万世罪人！我头可断，志不可屈，愿速速就死！"

多铎已知徒费口舌，终于露出了狰狞的嘴脸，却又假惺惺地对史可法说："你既然是忠臣，我就杀了你，成全你的名节吧！"

"与扬州共存亡，是我早已决定的志愿，纵然劈尸万段，我也甘之如饴。但是扬州百万生灵，你们不可杀戮！"

就是在生命最后一刻，这位爱国先辈还拳拳怀念着祖国，深切眷恋着人民！

扬州城被攻破时，都督刘肇基带领残部 400 来人和全城人民一起与清军巷战，直到矢尽力绝，没有一个投降的。多铎痛恨扬州人民英勇抵抗，下令屠城 10 天。在战斗中牺牲和屠刀下丧生的扬州人民，总计有 80 万之多，这就是历史上称为"扬州十日"的残酷事件。

史可法就义后，有人企图寻找他的遗体，但由于城里大街小巷死尸狼藉，加上天气蒸热，尸体已腐烂不可辨认。第二年清明节，人们把史可法生前穿的衣袍，葬在扬州门外梅花岭，这就是现在还时时有人去那儿凭吊忠魂的史可法衣冠冢。

英勇壮举，抗击沙俄

　　在清朝康熙年间，有一位率军英勇抗击沙俄侵略者的满族将军，名叫萨布素，他以其赫赫战功赢得了人民的尊敬，成为我国历史上杰出的爱国民族英雄。

　　萨布素是满洲镶黄旗人，随先人到吉林落户。公元 1677 年，康熙皇帝派内大臣率人到长白山瞻礼，来到吉林后，驻守宁古塔（今黑龙江宁安）的将军巴海命令萨布素带领 200 多名士兵给他们做向导。萨布素事先做了充分准备，带了 3 个月的粮食给养，跋山涉水，带领瞻礼队伍顺利到达长白山，完成了瞻礼的活动，圆满地回来了。由于萨布素在完成这次重要使命中表现出了非凡的勇气与才能，第二年他被任命为宁古塔副都统。

　　当时，沙俄侵略者几次派遣远征军，窜入我国黑龙江境内，肆无忌惮地烧杀抢掠。这些无人性的野蛮兽兵，居然吃中国人。仅 1643 年冬天，他们就在黑龙江吃了 50 个中国人。这种禽兽不如的暴行，激起了我北方边境人民的强烈愤怒，他们自发起来进行保家卫国的斗争，给予这些兽兵以有力的打击。但是，沙俄侵略者依仗自己的武力，仍然贼心不死，居然强占了雅克萨城（在今漠河东、呼玛西北的黑龙江北岸），在那里建设军事基地，并从此出兵继续侵占掠夺我国黑龙江流域的广袤土地。

　　清朝政府多次要求沙俄政府悬崖勒马，停止侵略行为。但沙俄方面却对此置若罔闻，继续蚕食我领土，掳掠我资财。当地人民义愤填膺，纷纷要求清朝政府派兵抵抗侵略者。

　　面对这种严峻局面，清朝政府决定派兵打击沙俄侵略者。于是，萨布素被委以重任，率兵反击侵略者。萨布素亲临雅克萨附近勘察该城形势，疏通了从乌苏里到黑龙江以及通往宁古塔的水陆交通线路，选定有利地形，在呼玛等地修筑木城，屯兵 1500 多人，建造大炮战船，严守边防。后来，萨布素晋升为黑龙江将军，他进一步在驻防地区屯垦耕种，补充战备物资，随时准备打击进犯之敌，表现了高度的爱国献身精神。不久，一支沙俄侵略军从雅克萨开出，企图窜犯我黑龙江下游地带。萨布素马上带兵迎敌，通过激烈战斗，全俘侵略军，取得了重大胜利。

为了进一步打击敌人，1685 年萨布素统率几路兵马合力攻打雅克萨城。当地人民闻讯，主动支援攻城部队，达斡尔族有 500 多人参加作战。6 月，大队人马开到雅克萨城下，萨布素命令城内沙俄军队赶快撤出雅克萨，可守城的沙俄将领托尔布津拒不从命。于是，萨布素率领清军先消灭了前来增援雅克萨的敌兵，然后集中炮火向该城猛烈轰击，守城俄军伤亡严重，最后连招架之力都没有了。在走投无路之际，托尔布津派使者向清军求和。清军同意他们投降，放他们退回尼布楚，并把雅克萨城炸毁轰平，胜利返回驻地。

不久之后，沙俄侵略者卷土重来，又占领了雅克萨，那个侵略军头目托尔布津也重返这里，指挥俄军又一次筑起土城，继续与我国为敌。

于是，萨布素决定再次发兵攻打雅克萨。他根据雅克萨靠江的地形特点，派兵在不靠江的三面挖掘战壕，筑起堡垒长围。又修造兵船开往雅克萨江面，形成四面包围之态势。然后从四面猛烈攻城，把守城的 700 多俄国侵略军打死了 600 多人，俄军头目托尔布津也在这次战斗中丧了命。沙俄政府见侵略中国的企图无法得逞，只好接受清朝政府提出的通过谈判解决中俄边界问题的建议，派出使者到中国要求谈判议定边界，并请求清军不再围攻雅克萨城。清朝政府同意进行谈判，并下令解了雅克萨之围，让那 100 多个没死的沙俄兵活着撤了回去。

当时，中国西部的蒙古族部落准噶尔的首领噶尔丹，一再勾结沙俄发动叛乱，成为一大祸患。萨布素为了安边卫国，提出一系列防御叛乱的措施，得到清朝政府同意。1696 年，康熙皇帝亲自出征，要彻底平定噶尔丹的叛乱，解除边界威胁。他命令萨布素统率一部分兵力从东路出发，配合他的主力部队打击噶尔丹叛兵。在几路人马合力围歼下，噶尔丹的叛乱终于被基本平息，使西北边境重新安宁了。

　　萨布素不仅擅长武功，而且重视教育。他首先倡导在墨尔根（今黑龙江嫩江）建立学校，招收各民族儿童入学，培养有知识的人才。他顽强抵抗侵略者的爱国思想和英勇壮举，一直受到广大军民的赞扬。

护国御侮，虎门销烟

　　林则徐（1785—1850），字元抚，号少穆，于 1785 年 8 月 30 日出生于福建侯官（今福州市）一个贫寒的家庭。

　　林则徐 26 岁考中进士后，先后在北京和外省担任官吏。他体察民情，惩办贪官污吏，治理江河，兴修水利，"一时贤名满天下"。他主张学习西方的先进技术，派人去澳门了解西方国家的动态，购买西方的书报，组织人力进行翻译，编译出《四洲志》等书籍。因而被称为中国近代史上"第一个睁眼看世界的人"，有如此眼界，也使他成为鸦片战争中的风云人物。

　　鸦片又叫大烟，可以作为药材少量使用，又是一种极容易上瘾的毒品。长期吸食它，就会使人精神萎靡，骨瘦如柴。英国殖民者为了获得高额利润，向中国大量倾销鸦片，以此来打开中国市场的大门。1838 年贩运到中国的鸦片达 4 万多箱。鸦片的泛滥，无情地毒害人们的肌体，使大量的白银外流，在当时已成为一个威胁民族生存的严重问题。中华民族处在危难之中。

　　目睹烟毒泛滥，林则徐忧心如焚。他在给道光皇帝的奏章中，痛陈鸦片危害的严重性："若犹泄泄视之，是使数十年后，中原几无可以御敌之兵，且无可以充饷之银。"林则徐应召到京后，向道光皇帝申述了自己的禁烟主张和准备采取的措施。道光皇帝采纳了他的主张，任命他为钦差大臣，去广东查禁鸦片。

　　林则徐于 1839 年 3 月到达广州后，立即和邓廷桢、关天培商定加强防务；号召揭发烟犯的贩毒情况；下令查封广州所有的烟馆；逮捕 61 名勾结洋人的重要烟贩；勒令外国商人 3 天内全部缴出所存鸦片，并写下"永不敢夹带鸦片，如有带来，一经查出，货尽没官，人即正法"的书面保证。林则徐毅然表示："若鸦片一日不绝，本大臣一日不回，誓与此事相始终，断无中止之理。"

在英国驻中国商务监督查理·义律的指使下，英国烟贩用搪塞手段敷衍，只肯交出 1000 多箱鸦片，并虚伪地表示不再进行鸦片交易，妄图蒙混过关。林则徐没有被这种狡猾的伎俩所欺骗，他已查出停泊在零丁洋面上 22 艘英国鸦片趸船，每艘囤积的鸦片都在 1000 箱以上。林则徐下令传讯拒不缴烟、还阻挠别人缴烟的英国大鸦片贩子颠地。颠地连夜惊慌逃跑，在中途被愤怒的群众抓回来，见蒙混不成，查理·义律竟以武力相威胁，命令零丁洋面的鸦片趸船开走，摆出战争的姿态。林则徐无所畏惧，果断地命令水师炮舰游弋沿海，截住了英国的鸦片趸船；派兵封锁洋人商馆，撤退商馆中受外商雇用的全部中国人员，断绝对外商的一切贸易和供应。外国商人蜷缩在商馆里，连饮水和食品都发生了困难。3 天之后，义律终于低下了头，无可奈何地缴出所有鸦片。连同美国商人缴出的鸦片，共计 2 万箱又 2000 多袋，总重 230 多万斤，价值 800 多万两白银。

1839 年 6 月 3 日，晴空万里，虎门海滩庄严热闹。林则徐登上虎门海滩的礼台亲自主持销烟。两座十五丈见方的大池里，先后倒入海盐和鸦片，鸦片被盐卤泡透后，再抛下石灰。顿时，池水沸腾，烟雾翻卷，不久，通海的涵闸被打开，满池子被销毁的鸦片渣沫泻进了茫茫大海。成千上万围观的人群里，迸发出一阵又一阵欢呼声，远胜过虎门的海涛。

震惊中外的虎门销烟，共历时 23 天，揭开了中国人民近百年来反侵略斗争的帷幕。

1840 年 6 月，恼羞成怒的英国侵略者出动军舰、运输船 40 多艘，士兵 4000 多人，陆续开到广州附近海面，悍然发动了鸦片战争。林则徐立即组织广州军民奋勇抵抗，他号召："如英夷兵船一进内河，许以人人持刀痛杀。"水勇出其不意地烧毁敌舰，群众在外岛水源投放毒药，英军只能困守海上，不敢进犯内河，企图侵占广州的计划终于成为泡影。

英国侵略者在广东不能得手，便沿海北上，在 1842 年攻破吴淞，闯进长江，直逼南京。腐败无能的清朝统治者苟且偷安，屈膝求和，同英国签订不平等的《南京条约》。

鸦片战争失败后，清王朝竟归罪于林则徐，将他撤职查办，又充军到新疆。3 年后才被赦回，并委以陕西巡抚、云贵总督等职。1850 年，林则徐因病逝世，终年 65 岁。

林则徐虎门销烟，书写了中国近代反侵略斗争的壮丽篇章，它庄严地向世界宣布：中国人民是不可侮的。

奋力拼杀，保卫虎门

100 多年前，著名的爱国将领关天培，为了守好祖国的南大门——虎门要塞，顽强地同英国侵略军奋力拼杀，用生命谱写出一曲爱国主义的悲歌。

关天培，字仲因，号滋圃，1780 年出生于一个行伍家庭。他年轻时喜欢阅读历史书和故事，钦佩为国捐躯的英雄。又见我国国防薄弱，于是，决心弃文习武、投笔从戎。他骑马射箭，练就一身好本领，还苦读《孙子兵法》，研究军火制造。23 岁时考取武庠（当时的军事学校）生。之后因他办事认真，懂军事，多次被提升，1834 年晋升为广东水师提督。

当时，广东沿海防务松懈，炮台年久失修，英国军舰公然闯入内河，直抵广州黄埔。关天培到任后，立即亲自到虎门检查防务，采取各种措施增强防守能力。他亲自在虎门测量海口的宽窄，水位的深浅，并试了大炮的射程，以确定炮位；添铸七八千斤的重炮 40 门，分配到各炮台使用；在通向内河的江面上设置一道道木排、暗桩和每条长约 320 丈的大铁链 8 条，以防止敌舰闯入内河；关天培整顿水师，增添了巡洋兵船和兵丁，亲自督促水师操练。在关天培的努力下，虎门的防务力量增强了，为后来的禁烟运动提供了坚强的军事后盾。

1839 年初，关天培协助钦差大臣林则徐一起查禁鸦片走私。虎门销烟后不久，英国侵略军就多次出动兵船，在广东沿海进行武装挑衅。1839 年 11 月 3 日，关天培率水师船在穿鼻洋面巡视，遭到两艘英国兵船的袭击，不幸受伤，但他仍持腰刀挺立桅前，率领水师英勇还击。交战两小时，敌船被打得帆斜旗落，狼狈逃走。

1840 年 6 月，鸦片战争打响了。40 艘英舰在广东海面集结，封锁珠江口。英国侵略军多次企图从这里攻入，但壁垒森严的虎门，使侵略军胆战心惊、望而却步。

英国侵略者见在广东无隙可乘，便沿海向北进犯。同年 8 月，英国兵舰开到天津，向清政府递交照会，进行威胁。腐败的清政府被英国的船坚炮利所吓倒，而把战争起因归罪于禁烟。昏庸的道光皇帝撤职查办了林则徐，任命投降派琦善为钦差大臣。

琦善到广州后，为了讨好侵略者，下令拆除木排铁链和暗桩，裁减兵船三分之二，全部遣散了招募来的水勇，还允许英国人察看地形，探测内河，关天培多年经营的防御设施遭到了严重破坏。为了求得侵略者退兵，琦善一一承诺了英方提出的条件，助长了侵略者的嚣张气焰。

1841 年 1 月英军向虎门发动突然进攻。虎门外的沙角、大角两炮台只有守军 600 多人。在敌众我寡的形势下，守军奋起抵抗，最后全部牺牲。2 月，英军再次进攻虎门。驻守虎门的当时只有 400 将士，形势十分危急。关天培向琦善多次告急，请求派兵援助。琦善虽握有数万大军，却坐视不救，导致关天培孤军奋战。关天培冒着炮火，登上靖远炮台，大声激励将士，众官兵斗志昂扬，奋力炮击英军。15 门大炮排列在炮台上，装足火药。当敌船靠近时，关天培一声令下，顿时海水沸扬，敌舰有的被击沉，有的被击伤。登岸的敌人也纷纷被歼，尸休遍布滩头。26 日下午两点多钟，南风大作，英军乘风开炮猛攻靖远炮台，弹片四溅，沙石乱飞，守军死伤大半。关天培负伤多处，仍镇定指挥，还代替牺牲的炮手，亲自燃放大炮。残余的守军齐心合力，沉着应战。但突然大雨倾盆，大炮火门透水，失去作用。战斗坚持到傍晚，炮台被围。英军在炮火掩护下攻上炮台。关天培身负重伤，血透衣甲。他挥舞佩刀，把冲上炮台的敌人劈了下去。忽然背后飞来一发炮弹，弹片穿过了他的胸膛，因伤重力竭，壮烈牺牲。镇守虎门的 400 名将士也全部壮烈牺牲。

视死如归，舍生取义

邓世昌（1849—1894），字正卿，广东番禺人，1849 年出生在一个农民家庭，少年时代就有远大志向。他憎恨外国侵略者，从小就立志报国。

从福州船政学堂毕业后，邓世昌历任海东云、振威、镇北、扬威等舰管带（舰长）。1880 年和 1887 年，他先后两次被派赴英国，接带新舰回国，归途中，他不依靠洋员，自己监视和指挥行船，一路操演海战战术，每天变阵好多次，"时而操火险，时而操水险，时作备攻状，时作攻敌计。"各舰官兵得到了很好的锻炼，为近代中国海军的建设，做出巨大的贡献。

1894 年 8 月，中日甲午战争爆发。9 月 16 日，邓世昌所在的北洋海军舰队护送运兵船到大东沟（鸭绿江口）。任务完成后，舰队于 17 日上午正准备返航，突然发现远处黄海海面出现柱状薄烟，经瞭望发现是悬挂美国国旗的舰队，向北洋舰队疾驶而来。这个舰队渐渐靠近时，突然降下美国国旗，升起日本国旗，并向北洋舰队发动进攻。海军提督丁汝昌下令迎战。

战斗打响了。海面上炮声隆隆，硝烟弥漫，海面像一锅开水一样沸腾起来。邓世昌沉着冷静地指挥着致远号军舰，冲锋陷阵，纵横海上。当日本吉野等四舰正驶到中国旗舰定远号前方，向定远号进逼时，为保护旗舰，邓世昌指挥致远号开足马力，驶在定远号之前，迎战敌舰。致远号陷于四艘敌舰的包围之中，仍然毫不退缩，猛冲猛打。在激烈的战斗中，邓世昌发现敌先锋舰吉野号来回逞凶，横行无忌，认为只有击沉此舰，挫其锐气，方能取胜。于是，邓世昌便要求经远、济远等舰向他靠拢，集中火力，共同对付吉野号。但济远号管带方伯谦贪生怕死，临阵脱逃。只有经远号管带林永升马上指挥军舰靠拢，致远号和经远号两舰齐心协力，给吉野号以重创。但狡猾的吉野号司令官集中炮火，专攻经远号。经远号中炮起火，船身下沉，林永升和全舰官兵壮烈牺牲。致远号全体官兵目睹这悲壮场景，个个义愤填膺，海面上回荡着为牺牲的兄弟报仇的呼喊声。邓世昌命令各炮位一齐向吉野开火。但是，海军经费都被慈禧太后用于修建颐和园去了，炮弹里没有火药，里面装的全是沙土。水兵们只有拿起步枪向敌人射击。这时，在数艘敌舰的围攻下，致远号舰身受伤，甲板上着了火，已濒临绝境。在这危急关头，邓世昌激励将士说"吾辈从军卫国，早置生死于度外，今日之事，有死而已"。说罢，他冒着敌人密集的炮火跨上舰桥，他紧握着舵轮，驾驶着已严重倾斜的致远号，像一条火龙，在弹雨中，迅速向吉野号撞去，致远号的水兵们在甲板上朝着祖国的方向，跪下告别，他们决心与吉野号同归于尽。中华健儿的爱国壮举，吓坏了吉野号上的日本官兵，敌军顿时乱作一团，纷纷跳水逃命，吉野号上的日本司令官手足无措，急得团团乱转。眼看致远号就要撞上吉野，不幸的事情发生了。致远号被日军的鱼雷击中，锅炉爆炸，舰身倾斜，军舰向海底沉去。在军舰将要完全沉没时，随从刘忠递给邓世昌救生圈，他坚决不接，慷慨地说："事已至此，誓不独生。"说罢，邓世昌同全舰250名将士，护卫着军舰和舰旗，慷慨从容地沉没在万顷波涛之中。

爱国将领邓世昌忠贞尽职、视死如归、舍生取义的壮举，永远激励着后人，发人深省，催人奋进。

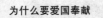

以身殉国，抵御外侮

　　丁汝昌（1836—1895），原名先达，字禹廷，号次章，安徽庐江县丁家坎村人。清末海军将领，曾任北洋海军提督、总兵尚书等职。丁汝昌天资聪慧，胸怀奇志。

　　1888年，北洋舰队成立，他被授予海军提督。1894年赏加尚书。

　　日本未经宣战，便于1894年7月向中国发起了进攻，中日甲午战争爆发。身为北洋海军提督、尚书的丁汝昌，积极主战。黄海战中，丁汝昌身先士卒，身受重伤，仍坐在甲板上指挥战斗。在他的激励下，士气大振，终于击退了日军舰队。威海之战中，丁汝昌亲自登舰指挥，不但迎头痛击袭来的日军舰船，还发炮支援南岸守军，击毙了日军陆军少将大寺安纯。威海之战前夕，日军海军中将伊东祐亨，深知丁汝昌的厉害，就写信劝他投降。丁汝昌将信撕得粉碎，扔向大海，骂道："见鬼去吧！你错看了我丁某。头可断，志不可屈，国不可辱。今天只有一死，来尽忠臣之职！"他上书李鸿章道："我一定要战斗到船尽没、人皆亡而后已！"并且叮嘱说："我身已许国，万望勿以我为念！"敌军再次劝降，他仍严辞拒绝。于是，敌人勾结军中的民族败类，用武力威逼，他怒斥道："你们想让我投降吗？除非是立即杀了我。我命不足惜！"后来，得知陆上援军已无望，丁汝昌召集了各舰管带和船员会议，发出最后号召："同仇敌忾，与敌人决一死战。鼓足力量，拼死突围！"但是，遭到船员的反对。丁汝昌知大势已去，想派人用水雷炸沉北洋海军的主舰镇远号，没有人响应。事已至此，丁汝昌知道败局已无力挽回，于是，"速将提督印截角作废"，以防有人盗印降敌。1895年2月11日，丁汝昌在刘公岛自杀殉国。

爱国将领丁汝昌御外侮宁死不屈的精神，是中华民族光辉形象的写照。它向全世界人民宣告：中华民族不可辱！北洋海军虽以失败而告终，但在世界反侵略史上却留下了不可磨灭的光辉一页。

英雄气概，反抗侵略

徐骧（？—1895），台湾苗栗人，台湾抗日义军领袖，中国近代杰出的爱国者。

徐骧原是文秀才，但酷爱习武。他生在农村，与农民有深厚感情，他同情农民疾苦。常用仅有的种田所得，周济贫苦的农民。

1895 年，日本强迫清政府割让了台湾和附属岛屿，日军在台北登陆。台湾人民义愤填膺，奋起反抗，推举黑旗军刘永福为抗日领袖。

然而，黑旗军只有几千人，形势岌岌可危。这时，徐骧挺身而出，召集乡民们说："我们虽然把台湾的抗日重任托于刘公，但刘公孤立无援。我们应该组织起来，人自为战，家自为守，誓与我台湾岛同生死，共存亡！"激昂慷慨的言辞，感动了大家。会一散，各乡就选派了壮丁，组成民团，推举徐骧为团长。从此，徐骧同台湾人民五经转战抗日寇。

6 月，刘永福派徐骧去援助新竹守将杨紫云。这个季节的竹林，枝繁叶茂。徐骧令义军身着竹叶装，头戴竹叶帽，潜于竹林中。敌人走进竹林，徐骧一声令下，杀声四起。敌出不意，锐气顿减。义军以一当十，越战越勇，敌终告败，死伤无数，俘虏百余人。竹林战告捷。

8 月，日军进犯大甲溪，徐骧和黑旗军守将吴彭年布好埋伏。日军刚渡过溪水，吴彭年伏兵发起攻击。日军见势，连忙后撤渡河。刚渡一半，徐骧伏兵喊杀着截了过来。日军大乱，纷纷溺水，死亡不计其数。溪水战告捷。

此时，徐骧的家乡苗栗已经沦陷，有人说："赶快设法寻找家属吧！"他说："国破家何在！台湾不沦陷，家属何愁找不着！家乡已

沦陷，还谈什么寻家属！"

随后，日军向彰化进犯。吴彭年、徐骧据守八卦山。敌人收买汉奸，从小路爬上山顶，黑旗军、义军同敌人展开了白刃战，击毙敌人1000多人，日本少将山根信成当场毙命。山战告捷。

10月，日军又向台南嘉义进攻，徐骧和守将王德标挖掘了地道，装上地雷群，直达敌人营下。半夜时分，一声惊天动地的巨响，敌营升天。炸死敌人700多人，日军近卫师团长北白川官能久重伤后殒命。地道战告捷。

日军不断增援，而黑旗军和义军由于粮饷弹药缺乏，处境越来越困难。徐骧和王德标退守曾文溪，动员了高山族壮士参战。日寇猛攻，王德标战死。徐骧身受重伤，仍指挥战斗。在生命的最后一刻，他振臂高喊："大丈夫为国捐躯，死而无憾！"军民共战失败。

当时台湾省虽落入日军手中，但徐骧等爱国志士的英雄气概，始终鼓舞着台湾人民对侵略者的反抗。

爱国忧民，舍生取义

太监，即宦官，是中国封建社会中专门侍奉皇帝及其亲属的被阉割了的男子。由于得到一些皇帝的宠幸，历代的太监中出了不少揽权骄纵、欺上压下、胡作非为的奸臣，为大家所痛恨和唾弃。例如，明朝太监魏忠贤和清朝太监李莲英，由于做了许多坏事，一直被人们痛骂。但是，太监中也出现过一些正直善良的好人，如清朝太监寇连材，由于深明大义，忧国忧民，反对慈禧太后的丧权辱国丑行，就一直被人民所称颂，他鹤立鸡群，难能可贵。

寇连材（1868—1896）是北京昌平人，出生在农村，为人耿直，也读过几年书。少年时就结了婚，生了3个孩子。由于人口多，家庭生活越来越贫困。他的父亲寇士通，因与财主打官司，被财主买通官府倒打一耙，惨遭失败，在绝望之中含恨死去。这时家里生活已经难以维持。走投无路之际，刚满23岁的寇连材跑到北京寻找出路，经一个太监介绍，被阉后进了清朝皇宫，为慈禧太后梳头。由于他聪明能干，做事精细谨慎，颇得慈禧喜爱，待遇十分优厚，生活是大大好转了。

当时光绪名义上是清朝皇帝，实际上处处受到慈禧控制，成了名副其实的傀儡。慈禧对寇连材十分信任，派他到光绪那里去当差，侍奉皇上，其实慈禧要他监视光绪的言论行动。寇连材从小就有正义感，对慈禧大权独揽、卖国求荣的可耻行为很不满意，他同情光绪的不幸处境，支持光绪希望维新变法的想法，所以，他不仅不把光绪的言行密报慈禧，反而常将慈禧胡作非为的事情告诉光绪。后来，寇连材又奉命回到慈禧的身边当差，进一步看到了慈禧的种种丑恶行为后，心中更加不满，几次向慈禧劝谏，都遭到呵斥，这使寇连材更加忧心如焚。

在中日甲午战争中，清军连连战败，慈禧卑躬屈膝，于1895年命清政府与日本签订了丧权辱国的《马关条约》，中国的主权进一步落到了日本侵略者手里。康有为、梁启超发起"公车上书"，反对将台湾、澎湖割让给日本，提倡变法维新，得到光绪皇帝支持。以慈禧为首的顽固保守派却不肯刷新政治，一味搜刮和向外国举债，以交付赔款和供自己享乐。寇连材进一步看清了国家已处于内忧外患夹击的危急之中，强烈的爱国心驱使他下决心向慈禧以死进谏。光绪二十二年（1896年）二月初十早上，他跪在慈禧床前哭泣，惊醒了西太后。慈禧大怒，问他为什么哭，寇连材流着泪说："国家已如此危险，老佛爷即使不替祖宗打算，也该为自己想想，怎么还忍心玩耍，不怕发生变乱吗？"慈禧以为他在胡言乱语，把他骂了出去。

口谏不成，寇连材下决心书谏。他请了5天假，回到家乡与亲人们诀别，并拿出记事册一本，交给小弟弟保存。回到宫里后，他把平时的积蓄都分给了小太监们。二月十五日，他把早已写好的奏折交给慈禧太后。这个奏折共有十条内容，其中包括：请太后不要揽政权，归政于光绪；不要修圆明园幽禁光绪；批评慈禧不顾京师特大水灾，擅自动用海军军费修建颐和园，以致海防空虚引来日本人侵略；应赎回被日本占领的台湾，宁可赔款，不可割地；不宜去掉忠直之臣而专用阿谀奉承之人；皇帝没有后嗣，请择天下之贤者立为皇太子；……这些内容，充满忧国忧民之情，条条切中时弊，都是当时许多人绝不敢说的话。寇连材居然写进奏折直接送给慈禧，可见他抱定了一死的决心。

看过奏折，慈禧立刻暴怒，她立即责问寇连材。慈禧起先怀疑奏折是寇连材受别人指使写的，寇连材光明磊落地说是他自己写的，与别人无关。慈禧还不相信，要他背一遍，寇连材果然从头至尾背了一遍。慈禧没有想到寇连材会写出这样一个直接指责自己的折子，不禁怒火中烧，以"内监言事者斩"的朝例，加上"私通官外，泄露宫内事"的罪名，下令把寇连材交刑部立即正法，别人求情也不听。

二月十七日，寇连材被押到北京菜市口刑场处决。临刑前，寇连材神色镇静，整了整衣冠和襟领，朝宫殿拜了九拜，又向远方的父母叩了头，坦然地说："如此足以千古了！"围观的群众无不为寇连材爱国忧民、舍生取义的壮烈行动所感动。

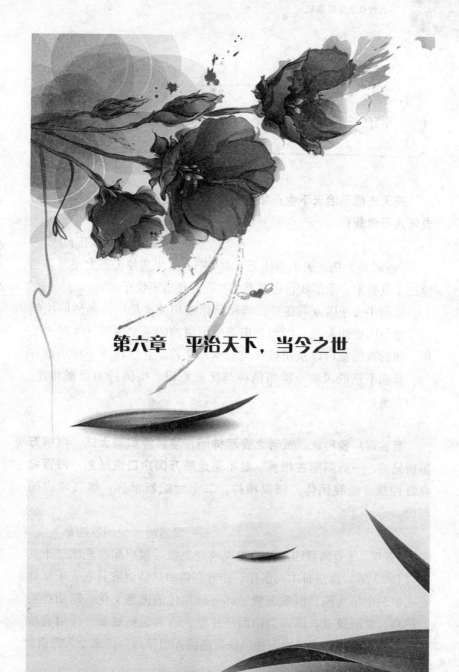

第六章 平治天下，当今之世

平治天下，当今之世

　　夫天未欲平治天下也；如欲平治天下，当今之世，舍我其谁也？吾何为不豫哉！

——《孟子·公孙丑下》

　　[题解] 大概老天不想使天下太平吧；如果想使天下太平，在当今这个世界上，除了我，还有谁呢？我为什么不快乐呢？

　　爱国主义与国家前途、民族命运休戚相关，是一种强烈的民族责任感与历史使命感。担当意识是爱国精神的重要内涵，体现出爱国主体的责任意识以及积极参与的奉献精神，它呈现出一种刚健有为、自强不息的风貌。担当精神与忧患意识、报国行为紧密相连，互为表里。

　　芸芸哉！我种族。黄帝之胄尽神明，浸昌浸炽遍大陆。纵横万里皆兄弟，一脉同胞古相属。君不见地球万国户口谁最多？四百兆众吾种族。结我团体，振我精神，二十世纪新世界，雄飞宇内畴与伦。

——梁启超《爱国歌四章》

　　[题解]《爱国歌四章》为戊戌政变失败后梁启超在光绪二十九年（1903 年）寓居日本时所作，作者在诗中热情讴歌具有五千年灿烂文明的中华大国，讴歌炎黄子孙一脉相传的民族文化，期望能唤起民众，觉醒民魂。该诗韵律回环往复，语言流畅雄丽，洋溢着浓郁的民族自豪感，表现出一种昂扬奋进的理想精神，读来令人振奋。

孔子之时，周室微而礼乐废，《诗》《书》缺。追迹三代之礼，序《书传》，上纪唐虞之际，下至秦缪，编次其事。曰："夏礼吾能言之，杞不足征也。殷礼吾能言之，宋不足征也。足，则吾能征之矣。"观殷、夏所损益，曰："后虽百世可知也，以一文一质。周监二代，郁郁乎文哉！吾从周。"故《书传》《礼记》自孔氏。

　　　　　　　　——（西汉）司马迁《史记·孔子世家》

　　[题解]文化之爱是爱国精神的理性支撑。热爱本国文化中的积极成果，继承民族优秀文化传统，是每个国民的义务和责任。古往今来，诸多爱国者怀着一颗赤子之心保护、继承、研究和颂扬自己祖国的文化，抒发自己的爱国之情。

　　春秋时期中国社会处于新旧交替的大动荡大变革期，周公创立的礼乐制度已崩溃，王室衰微、诸侯横恣、谋诈蜂起、战火绵延。面对此种社会混乱无序、人民苦难深重的局面，孔子力图振兴周公的礼乐制度，恢复周天子的权威，重整华夏一统江山。孔子出于对民族传统文化的挚爱，认真整理三代以来优秀文化遗产，删《诗》《书》、定礼乐、修《春秋》、赞《周易》，为中华民族留下丰富的文化元典。孔子亲自传授六艺，打破了贵族垄断文化教育的局面，开私人办学之先声。

　　子曰："小子何莫学夫《诗》《诗》，可以兴，可以观，可以群，可以怨。迩之事父，远之事君。"

　　　　　　　　　　　　　　　　　——《论语·阳货》

　　[题解]孔子热爱传统文化，视传承历史文化为己任，他在《论语·述而》中自评道："其为人也，发愤忘食，乐以忘忧，不知老之将至云尔。"

　　祖国沉沦感不禁，闲来海外觅知音。金瓯已缺总须补，为国牺牲敢惜身。嗟险阻，叹飘零，关山万里作雄行。休言女子非英物，夜夜龙泉壁上鸣！

　　　　　　　　　　　　　　——（清）秋瑾《鹧鸪天》

　　[题解]清末，国难日深。随着资产阶级民主革命运动的兴起，

部分女性受到近代革命思潮的感染和触动，积极投身各种救国活动和革命运动中。她们的爱国精神和救国行动为中国女性的历史写下了极其光彩的篇章，也成为中国近代史上放射异彩的一页。秋瑾就是其最为杰出的代表。面对列强蹂躏而日渐沉沦的中国，秋瑾将妇女解放与拯救国家联结成一体，大声疾呼女性摆脱封建枷锁，勇敢地追求平等、自由与幸福的乐土。国难当前，秋瑾立志以死报国。"金瓯已缺总须补，为国牺牲敢惜身"，"粉身碎骨寻常事，但愿牺牲保国家"，铿锵的诗句成为时代最高亢之救国呐喊与觉醒的中国女性最坚定的爱国誓言。

载驰载驱，归唁卫侯。驱马悠悠，言至于漕。大夫跋涉，我心则忧。

——《诗经·鄘风·载驰》

[题解] 人类社会在很长时期内由男性主导社会生活，形成"男尊女卑"的两性社会地位差别。女性虽然总体处于弱势，但杰出女性每个朝代都有，在她们身上闪耀着克己忍让、无私奉献、顾全大局等可贵品质。当有机会参与到公共事务中时，她们的爱国精神毫不逊色于男性。诗中的许穆夫人，为卫文公之妹，嫁到许国，她在获知卫国被狄人攻灭后，悯祖国之颠覆而赋诗言志，表现出强烈的爱国之情。

楚庄王好畋猎，樊姬故不食鲜禽以谏王；齐桓公好音乐，卫姬不听五音以谏公。

——（西汉）刘向《列女传》

[题解] 劝夫善政的美德，在中国女性身上时有体现，亦是爱国精神的一种体现。

春花秋月何时了，往事知多少。小楼昨夜又东风，故国不堪回首月明中。

雕栏玉砌应犹在，只是朱颜改。问君能有几多愁，恰似一江春水向东流。

——（南唐）李煜《虞美人》

［题解］黍离之悲是爱国主义的一种特殊的现形态。改朝换代之时，由旧朝入新朝的遗民们无不产生亡国之痛、故国之思。他们或凭吊故国，或触景伤情，心中的悔恨、耻辱、感怀交集纷涌。南唐地域广阔，为江南富庶之区，后主李煜在位 15 年后为北宋吞灭。此词大约作于李煜归宋后的第三年。诗人身居囚屋，仰望千里明月，遥想故国宫殿仍在，而物是人非，朱颜凋谢，触景生情，愁绪万千，既有对往日纵欲误国的悔恨，更有对故国的无尽思念。

登昆仑兮四望，心飞扬兮浩荡。

——屈原《九歌·河伯》

［题解］昆仑山是中国上古时期神话传说中的神山，也是黄帝轩辕族的发祥地，号称"帝庭"，今人多以新疆境内的天山当之。昆仑山孕育了中华文明，享有万山之宗、龙脉之祖美誉，诗云："赫赫我祖，来自昆仑。"伟大爱国诗人屈原以浪漫主义手法，想象他登上昆仑山纵目四望，心意飞扬，情怀浩荡。诗句洋溢着热爱祖国壮丽山河的豪情。

身修而后家齐，家齐而后国治，国治而后天下平。……自天子以至于庶人，壹是皆以修身为本。

——《大学》

［题解］提高了自身修养后才能整顿好家庭，家庭整顿好后才能治理好国家，国家治理好后才能使天下太平……从天子至平民，都要以提高自身修养为根本。

中国古代圣贤以修身为治国理政、安身立命的根本。执政者一方面必须不断提高自身道德修养，严以律己，增强社会责任感和担当意识，另一方面要不断学习文化知识，以史为鉴，以人为镜，熟练业务，提升执政能力，以便更好履行执政职责。

　　天下者国之本也，国者乡之本也，乡者家之本也，家者人之本也，人者身之本也，身者治之本也。

　　　　　　　　　　　　　　　　——《管子·权修》

　　[题解] 管子认为执政者自我德行的修养是治国理政的关键所在。

　　为政以德，譬如北辰，居其所而众星共之。

　　　　　　　　　　　　　　　　——《论语·为政》

　　[题解] 孔子主张执政者先端正自己，再推己及人。在《论语·宪问》中孔子说"修己以安百姓"，明确指出执政者应自重、自省、自警、自励，增强执政的公信力与感召力。

　　侨闻学而后人政，未闻以政学者也。

　　　　　　　　　　　　　　——《左传·襄公三十一年》

　　[题解] 儒家提倡"学而优则仕"，从政者必须先经过学习、锻炼、培养和选拔，才能具备足够的执政管理的能力。不能把官位当做礼品、奖品、福利、人情，不能用来作为谋取私利、利益交换的筹码，不能把做官视同从事普通的职业，满足于个人捧到一个饭碗。

　　道之所在，天下归之；德之所在，天下贵之；仁之所在，天下爱之；义之所在，天下畏之。屋漏者，民去之；水浅者，鱼逃之；树高者，鸟宿之；德厚者，士趋之；有礼者，民畏之；忠信者，士死之。

　　　　　　　　　　　　——（东汉）刘向《说苑·谈丛》

　　[题解] 执政者的德行修养状况直接影响民心取向，不可疏忽。

厉杀奸商，爱民管物

宗泽（1059—1128），字汝霖，婺州义乌（今属浙江）人，元祐年进士，北宋名将。

宗泽曾任岳飞为将，屡败金兵。岳飞被害后，他多次上书，力请高宗还都汴京，收复北方失地，但遭到投降派的抵制，忧愤成疾，郁郁死去。临死时，还念念不忘收复北方失地，连声呼喊："过河，过河，过河……"

宗泽不仅在战场上威震四方，在整顿首都市场物价方面也有佳话流传。

"靖康之变"，金灭北宋。宗泽出任东京（今开封）留守。由于战乱，导致物资紧缺，一时物价飞涨，百姓无法生存。

宗泽曾多次下令控制物价，但毫无效果。物价与百姓的生活息息相关，怎能任其自流呢！想到这儿，宗泽决定从与百姓生活关系最大的饮食业人手。他派人调查了作为食品原料的米面价格，知道与从前价格变化不大，又令府中厨师制作与市场重量相同的笼饼。经过反复计算，每个笼饼的工料费仅需 6 钱，而市场上卖到 20 钱。为什么笼饼不肯落价呢？他经过察访得知，是豪商在作祟。他们控制着市场，不准小商降价。

宗泽把开封最大饼店老板和各业豪商纷纷叫来。宗泽问最大饼店老板："从前，每个笼饼售价 7 钱，今卖 20 钱，难道是因为面粉的价格成倍上涨吗？"

老板不屑地回答："战乱以来，米面价格不定。同行这样卖，我也这样卖。我能违背同行公议，随意降价吗！"宗泽厉声说："经过察访，你等欺行霸市，故意抬高物价，并捣毁过降价商贩摊点，殴打贱价买饼的顾客！"老板无言以对，战战兢兢。

　　宗泽拿出府里做的笼饼，说："此饼与你们所卖，重量相同。精细计算，每枚工料费只需 6 钱；若卖 8 钱，就已有两钱之利。我今天下令，每枚笼饼只准卖 8 钱，谁敢超过，立即处斩。今天，先借你的人头用用，来执行降价命令！"于是，令人把这个老板押到大街，砍头示众。并且重申了降低规定。

　　商人们知道官府所定价格合理，又看到饼店老板的下场，便无人再敢违抗了。令则行，禁则止，是宗泽管理物价成功的原因。

　　宗泽爱民管物价厉杀奸商的故事，一直传颂至今。

功昭日月，于谦卫国

千锤万击出深山，烈火焚烧若等闲。

粉骨碎身浑不怕，要留清白在人间。

这首名为《咏石灰》的诗歌，托物言志，表达了作者要做一个纯洁清白高尚之人的远大志向。他就是明朝伟大的爱国英雄于谦。

于谦，生于公元1398年，浙江钱塘（现在的杭州）人。他从小刻苦读书，志向远大，很崇拜文天祥，曾把文天祥的画像挂在自己卧室里，并题诗："孤忠大节，万古修传，我瞻遗像，清风凛然。"表明他要以文天祥为榜样，把自己毕生精力献给祖国和人民。明英宗朱祁镇即位后，于谦任京城兵部左侍郎。

公元1449年，蒙古瓦剌部族，在首领也先的统率下，分兵四路，大举入侵明朝，明英宗偏听奸臣宦官王振之言，率50万大军到大同迎敌，结果在太监王振胡乱指挥下，全军覆没，王振被明军将领杀死，明英宗也成为俘虏。

国不可一日无君。于谦支持英宗的弟弟朱祁钰出面代理国政，这就是明景帝。景帝即位后，任于谦为兵部尚书，指挥保卫北京的战斗。于谦指挥老弱残兵20万人，在9座城门外严阵以待，并下军令："临阵将不顾军先退者，斩其将，军不顾将先退者，后队斩前队。"于谦无私无畏的爱国热情和胆略激励了广大将士，士气大振。

也先取胜后，以为明军不堪一击，狂妄地围住了北京，直扑德胜门。于谦诱敌深入，将也先军队引进伏击圈，把瓦剌军打得落花流水。首战胜利大大鼓舞了明朝军民斗志。接着于谦指挥明军夜晚出兵劫敌营，各路将士全线反攻。在明军凌厉攻势下，也先丢兵弃帐，向北逃窜。于谦一直把也先赶到紫荆关外。北京保卫战胜利了，瓦剌军元气大伤，不得不主动送回英宗向明朝求和。

　　景帝因于谦保卫京师有功，奖励了他。但英宗回京后，景帝又担心宝座不稳。于谦军权在握，从稳定大局出发，支持景帝继续执政。景帝才放下心来。于谦一方面创立团营，操练兵马，修筑城防，提高明朝军事实力；另一方面整顿内务，反对贪官污吏，自己保持清正廉洁，他深得民心，却招来石亨等一些心怀反意的大臣、大将们的反对和忌妒。

　　1457年，景帝得了重病，元宵灯节的晚上，石亨等人偷偷带兵拥簇着朱祁镇闯入皇宫，击钟召集文武百官上殿，宣布朱祁镇复位。朱祁镇重新掌权后，立即杀戮异己势力，并把于谦抓了起来，进行严加拷打。于谦问心无愧，决不服罪。这位威震敌胆英勇报国的硬汉子，在被陷害的第六天，就惨遭杀害。但人民都知道于谦是清白的。直到明宪宗时，才恢复了于谦生前官爵。

　　与名将岳飞相似的是，清白忠贞、英勇杀敌的于谦没有死在金戈铁马的疆场上，却丧命于本国昏君与奸臣莫须有的罪名下。这告诉后人，封建忠君式的爱国思想，未必能达到保护穷苦百姓根本利益的目的。于谦杀敌卫国，功昭日月，人民是景仰他的，历史是不会忘记他的，他的《咏石灰》一诗，深受后人喜爱。

专惩不法，居正治吏

张居正（1525—1582）字叔大，号太岳，湖广江陵（今湖北沙市郊区）人。嘉靖二十六年（1547 年）进士，隆庆元年（1567年）入阁，六年（1572 年）万历皇帝即位后，出任内阁首辅（相当于丞相）。万历十年病逝。他入阁任首辅期间，从军事、政治、经济诸方面进行了一系列改革，是明代最杰出的改革家。其中，他的治吏张法，爱国利民的业绩，至今仍为国人所称颂。

明代中期，吏治极端腐败，贿赂公行，结党营私，政多纷更，事无统纪，上下务为姑息。良臣张居正，以国家大业和人民安定为本，针对混乱不堪、空议盛行、不务实事的时弊，制定并推行了对各级官吏进行考核和管理的"立限考成法"，这是对明代吏治的重大改革。

立簿考核，提高效率。张居正认为，"天下之事，不难于立法，而难于法之必行；不难于听言，而难于言之必效"。为做到"法之必行""言之必效"，张居正主张不仅要对各级官员进行定期考察，而且对其所办的每件事都要规定完成期限，进行考成，即所谓"立限考事""以事责人"。这就是张居正"立限考成法"的基本思想。张居正根据立限考成的三本账（一本由部、院留做底册，一本送六科，一本呈内阁），对从中央到地方的各级官员进行严格控制。万历二年（1574 年），张居正责令吏部尚书张翰和兵部尚书谭纶，把全国知县以上文武官员的姓名、籍贯、出身、资历等自然情况登记造册，由六部和都察院按簿登记，要求对所属官员承办的每件事，逐月进行检查，完成一件，注销一件，如不按时完成，必须如实审报，否则，以违制罪论处。这样，层层检查，层层负责，提高了办事效率。张居正在考核地方官时强调，要把那些秉公办事、实心为民的官员列为上考；对那些花言巧语、欺上瞒下的官员列为下考。在考核中，张居正还善于将整顿吏治和为民做好事结合起来。既稳定了社会秩序，又提高了办事效率，形成了中央命令朝下夕行、疾如迅风的良好政治局面。

精减冗官，知人善用。张居正认为，要使国家长治久安、减轻人民负担，首先必须从官员做起。他说，每个官员必须明确职守，对那些只吃皇粮不管事的冗官进行裁减，并宣布，各地不得擅自添设机构和人员。万历八年（1580 年），张居正亲自下令撤除了苏松地区私自添设的管粮参政人员，并立即奏成吏部认真核实上报各省擅自添设官员的人数。张居正对不谋其政的多余官员，坚决地进行裁减。仅万历九年（1581 年），一次就裁革冗官达 169 名。总共在他当政期间所裁革的冗官，约占官吏总数的十分之二三。张居正一边裁革冗官，一边又广罗人才，把那些拥护改革、政绩卓著的官员提拔重用。一次，神宗皇帝审阅关于山东昌邑知县孙凤鸣贪赃枉法的案卷，随即问张居正：孙凤鸣身为进士，为何这样放肆？张居正回答说：孙凤鸣就是凭借他的资历才敢这样妄为；以后用人，要先视其才，不必求资历。神宗非常赞同张居正的意见。如此一来，张居正就以圣旨为令箭，大胆地启用人才。实践证明，凡被他启用的人才，都成为改革中的骨干。

严禁滥用驿站，享乐挥霍民财。张居正在整顿吏治的过程中，对各级官员凭借职权滥用驿站的行为，也进行了整顿。明代从京师到各省的交通要道都设有驿站，负责供应使用驿站官员的吃、住、夫役和交通工具，称为驿递制度或驿站制度。对国家驿站的使用，明太祖朱元璋时，控制得非常严格，非军国大事，不得使用。随着明朝政治的腐败，驿站的使用日益混乱不堪，不仅官员滥用，而且常出现将勘合转借他人使用的现象。一些不法权贵，手持勘合到驿站，随意索求，享用奢靡，残害百姓，人民极为愤慨。张居正为整顿一些官员借用职权之便大肆挥霍国家之财的享乐行为，对凡是违反制度使用驿站的官员，一律严惩不贷。据《明实录》和《国榷》记载，万历八年（1580 年）五月至十二月 8 个月中，张居正的处罚违制使用驿站人员达 30 人之多。其中革职 7 人，降级的 22 人，降职的 1 人。张居正在执法上一视同仁。一次，张居正的弟弟由京返乡，保定巡抚无原则地发给他一张勘合使用驿站，张居正得知此事，立即责令其弟将勘合上缴，同时对滥发签证的保定巡抚进行了严厉的批评。经过整顿，从根本上改变了滥用驿站的状况，保证了国家军事要务的畅通，为国家节省了大量资金，减轻了人民负担。

抵制宦官干扰，专惩不法权贵。整治过程中，张居正强调把执法和尊君结合起来，以此严肃法纪，伸张国威。张居正把破坏法纪的权贵，视为祸国殃民的大患，予以坚决打击，从不手软。横行在江陵一带的辽王朱宪㸅，是张居正少年时代的好友。此人无恶不作，民愤极大，地方官也无可奈何。朝廷曾派刑部侍郎洪朝选前去查办，竟遭到宪㸅的百般阻挠和公开抗拒。洪朝选畏其权势，不敢惩治。张居正得知后，毅然审理此案。他根据宪㸅犯罪事实，秉公执法，毫不留情地把辽王宪㸅废为庶民；对隐情不报和失职的刑部侍郎洪朝选，也给予了应得的惩处。此外，黔国公沐朝弼，为非作歹，无视法律，多次犯罪，本应严惩，却无人敢问。张居正伸张正义，不畏权势，挺身而出，改立朝弼的儿子为爵，把朝弼押送到南京，幽禁至死。冯邦宁是太监冯保的侄儿，他凭借叔父的权力，仗势欺人，醉打衙卒，触犯刑律。张居正一面派人对冯保讲明其侄所犯罪行，一面严办冯邦宁，杖打四十，革职待罪。这些严格执法、惩治恶官的行动，抑制了强豪的猖狂，顺应了人民的心愿，实为张法利国之创举。

我们从内心赞佩这位改革家在当政期间所建树的不可磨灭的业绩，张居正确实是我国古代一位不可多得的良臣，他在行政管理方面的改革，对今天仍然具有一定的借鉴意义。

扬我国威，七下西洋

郑和（1371—1435）是中国历史上最伟大的航海家。郑和本姓马，名三保，是回族人，1371年出生于云南昆阳（今晋宁）。他家世代信奉伊斯兰教。他父亲曾经不远万里到伊斯兰圣地麦加朝圣。三保小时候，父亲经常把朝圣的经历和外域的风土人情讲给他听，三保听得津津有味。

1382年，明太祖朱元璋派兵入云南，消灭元朝的残余势力。在兵荒马乱中，12岁的三保被明兵掳往京城，强行阉割后，送到朱元璋的四儿子燕王朱棣府中，当了小太监。当燕王朱棣起兵南下与侄儿建文帝争夺皇位时，三保已长得身长七尺，膀阔腰圆，他在战斗中屡建奇功，表现了出色的组织能力和军事才能，从而深得燕王器重。燕王做了皇帝之后，提拔他为内官监太监，并亲笔写了一个"郑"字，赐给三保为姓，于是马三保改名为郑和。

明朝初期，经过朱元璋31年励精图治，经济得到较快的恢复和发展。纺织、陶瓷、造纸、印刷等手工业发展得更快。尤其是造船业和航海技术的空前发达。这些都为远洋贸易提供了条件。另外，明成祖为了宣扬国威，耀兵异域，以示中国富强，决定派遣一支舰队，远航西洋，郑和是皇帝的亲信，精通文韬武略，而且他是回族人，又熟悉佛教，西洋各国大多信奉伊斯兰教或佛教，他自然是率领这支舰队的最佳人选了。

1405年6月，郑和率领随员及士兵27000人，分乘26艘宝船和装载着货物、马匹、淡水的海船，从长江口扬帆出发。他们乘坐的宝船最大的载重千吨以上，可容500多人乘坐。庞大的船队，帆樯林立、雄伟壮观。

郑和率领船队先后到达占城国（今越南南方），爪哇国（今印度尼西亚），苏门答腊，达满剌加（今马六甲半岛），进入印度洋，抵锡兰（今斯里兰卡），最后到达古里（今印度西南科泽科德）。船队每到一处，郑和都向当地的统治者宣传明朝对他们的友好态度，赠送礼物，并将随船带去的丝绸、瓷器、茶叶等货物换取当地的土特产。郑和所带的 27000 人中，主要是富有作战经验的精兵，郑和带大批军队出洋，不是为了侵略和掠夺，而是为了防御海盗的抢掠和某些国家贪婪的统治者的袭击。1407 年，郑和船队返航，途经旧港（今印度尼西亚苏门答腊岛东南岸）时，与海盗发生激战。在一个漆黑的夜晚，海盗头子陈祖义，率大批海盗分乘几十只小船，偷偷靠近停泊着的船队。郑和已得到爱国商人的密报，早有准备。当海盗自以为偷袭成功，正想登船时，突然一声炮响，所有宝船灯火通明，响起了战鼓和喊杀声，海盗还来不及逃跑，无数明军已跃向敌船，经过激烈的战斗，海盗全部被歼，陈祖义当场被擒。郑和押着陈祖义，凯旋回国。一些国家的使节也随船到中国朝见明成祖。1407 年 7 月，郑和奉命送这些使节回国，航程基本上与第一次相同。

　　1409 年冬，郑和第三次下西洋。船队途经锡兰时，锡兰国王亚烈苦奈尔垂涎船上的珍贵货物，企图袭击船队。他装出友善的样子，亲自登船邀请郑和进城休息。郑和不知是计，下船上岸。走到半路，猛想起人们传说亚烈苦奈尔贪婪凶残，便怀疑其中有诈，于是派人返回去瞭望，果然回去的道路已被横七竖八的大树堵塞。于是他派人绕道通知守船军队准备战斗，他估计敌人可能倾巢出动袭击船队，城内的守备一定空虚，便率领随他而来的 2000 士兵杀奔锡兰国的都城。亚烈苦奈尔正在做发财梦，来不及反抗就当了俘虏。攻打船队的敌军，听到都城被袭，赶忙回军救援，半路上遭到明军的伏击，死伤大半，其余四散逃窜。郑和还朝时，将亚烈苦奈尔押回中国，明成祖赦免了亚烈苦奈尔，把他释放回国。从此以后，郑和船队威名远扬。

　　1413 年，郑和四下西洋，最远到达波斯湾；3 年后，他又五下西洋，船队在马六甲海峡分为两队，其中一支船队到达非洲大陆的也门、索马里、肯尼亚等地。1421 年，郑和奉命送亚非 16 国使节回国，六下西洋。

此后，郑和做了约 5 年南京守备。1431 年，皇帝再次命令年已六十的郑和七下西洋，先后到达亚非 17 国，1433 年夏回国。两年后，这位卓越的航海家病故。

郑和七下西洋，用了前后近 30 年的时间，航程十万里，共访问二十几个国家，多次战胜大洋中的惊涛骇浪，表现了中国人民的大无畏的精神，扬我国威，同时也增进了中国人民与世界人民之间的友谊，促进了明朝与东南亚、西亚和非洲北部各国的经济文化交流。

忠贞不渝，壮烈就义

　　张煌言，字玄著，号苍水，浙江鄞县人。他幼时曾随父到过北方，亲身体会到生活在敌人铁骑蹂躏下的痛苦，认识到国破家亡的可怕，因而激发了他强烈的爱国热情。当家乡被清兵占领时，他毅然投笔从戎，开始了长达 19 年之久的抗清斗争。19 年间，他曾率领义军和郑成功的部队联合，转战江淮，攻城陷府，打击清军；他也曾在极端危险、困难的条件下，与敌人拼杀在大别山区；即使在功败垂成之后，他也没有丧失抗清的意志，继续组织新的义军队伍与清军作战。张煌言的队伍逐渐成了最后的一面抗清旗帜。清朝统治者把张煌言看作眼中钉、肉中刺，他们一面调集重兵，围袭义军，一面悬赏通缉张煌言。由于叛徒的出卖，张煌言不幸被捕。

　　清兵把张煌言带到提督府门前，让他从边门进去，张煌言屹立不动。浙江提督赵廷臣妄图劝降，忙将他从正门请进，并叫人大摆酒席。张煌言凛然而对："父死不能葬，国亡不能救，死有余辜。今日之事，速死而已！"说罢转过身子，不说话也不吃饭。

　　见劝降不成，敌人便把张煌言打入大牢。在狱中，张煌言思绪万千。他回忆起自己战斗的一生，出生入死，披肝沥胆，虽说屡挫屡起历尽艰辛，但抗清的意志从没衰退，并维持着东南一带的抗清局面。现在国破家亡，自己也成了囚人。他想到持节在匈奴 19 年的汉代爱国者苏武，根据自况，提笔赋诗："苏卿仗汉节，十九岁华迁……所贵一寸丹，可逾金石坚。求仁而得仁，抑又何怨焉！"表明他的爱国之心坚如金石。他又想到平生最敬佩的两位楷模：南宋抗金英雄岳飞，明朝抗瓦剌的英雄于谦，他们都埋葬在自己故乡的土地上，时刻鞭策着自己去战斗，现在自己再不能去杀敌报国了，但要像英雄们那样，保持对国家的忠贞，不惜牺牲生命，将碧血献给国家，想到这里，他又提起笔来写道：

> 国亡家破欲何之？西子湖头有我师。
>
> 日月双悬于氏墓，乾坤半壁岳家祠。
>
> 惭将赤手分三席，敢为丹心借一枝。
>
> 他日素车东浙路，怒涛岂必属鸱夷。

10多天后，张煌言被押往杭州。临行之日，宁波好几千百姓，不顾清军的森严戒备到码头送行。面对家乡父老，张煌言先朝北拜了四拜，表示向故国辞行，说："臣的志向完毕了！"又朝城门拜了四拜，表示向故乡辞别，说："怪我无能，让故乡父老白白苦了20多年，辜负了大家的期望。"说罢，告别乡亲，昂首登船。此情此景，使在场的百姓无不失声痛哭。

张煌言被押到杭州，敌人还想用封官许愿劝他投降，但都被张煌言严辞拒绝。他在狱中墙上大书《放歌》一首：

"予生中华兮死则大明，寸丹为重兮七尺为轻……予之浩气兮化为风霆，余之精魂兮化为日星，尚足留纲常于万禩兮，垂节义于千龄！"

1664年农历九月初七，敌人把张煌言杀害于杭州。临刑之时，他昂首挺立，壮烈就义。死后，杭州人民根据他生前"高坟武穆连忠肃，添得新坟一座无"的愿望，连着岳飞和于谦两座坟墓，将他安葬在杭州南屏山北麓荔子峰下。

他的墓前时常有"包麦饭而祭者"，"寒食酒浆，春风纸蝶，岁时浇奠不绝"，表达了广大人民群众对张煌言忠贞不渝的爱国精神和不屈不挠的斗争事迹的敬仰和钦佩。